# Le Charpentier

OLIVIER LE GENDRE

# Le Charpentier

Saint Joseph

3e impression

ANNE SIGIER

Du même auteur, aux Éditions Anne Sigier :

*Les Masques de dieu*
*Le Cri de Dieu*

ÉDITION

Éditions Anne Sigier
1073, boul. René-Lévesque ouest
Sillery (Québec) G1S 4R5
tél. : (418) 687-6086
téléc. : (418) 687-3565

Éditions Anne Sigier – France
28, rue de la Malterie
B.P. 3007
59703 Marcq-en-Barœul
tél. : 20.55.08.34
fax : 20.51.86.88

ILLUSTRATION PAGE COUVERTURE

*La Sainte Famille,* peinture de Bradi Barth

ISBN

2-89129-228-6

DÉPÔT LÉGAL

Bibliothèque nationale du Québec
Bibliothèque nationale du Canada
4e trimestre 1994

# Mot de l'éditeur

Et voici qu'à l'aube d'un siècle neuf une boule-
versante contemplation sur Joseph, le charpentier,
vient sortir de l'ombre, pour tous les enfants du
monde, celui qui fut sur terre le père de l'enfant-
Dieu.

« Jésus apprit à grandir sous ce regard de père qui
reflétait le regard de Dieu... Si tous les enfants du
monde recevaient à tout moment de leur existence
ce regard de confiance parfaite, ils deviendraient
non seulement les plus heureux des hommes, mais
aussi les plus saints. »

Redécouvrir le sens de la paternité, n'est-ce pas
aujourd'hui en même temps l'urgence et l'espérance, la voie royale offerte aux jeunes de toute la

terre, sur laquelle ils pourraient avancer, sûrs d'un regard qui les anime ?

L'immense douleur et l'invivable solitude des enfants privés de ce regard les poussent trop souvent dans des voies qui mènent à l'impasse.

L'auteur, ce « charpentier de l'âme », l'a bien compris, lui qui a sculpté pour nous ces mots avec son cœur de père – il a trois garçons et deux filles – pour que tous les amoureux croient en la merveille du respect et de la puissance de l'Amour. Puisse ce livre être un peu comme « l'arrêt obligatoire » au carrefour de nos routes tellement encombrées, de nos vies tellement dispersées que nous risquerions de passer à côté de cette histoire si belle et toujours actuelle d'un charpentier « porteur de Dieu dans ce monde, besoin de Dieu pour habiter le monde ».

Olivier Le Gendre a publié chez nous dernièrement *Les Masques de dieu*. Ce livre a suscité l'enthousiasme et a reçu un accueil chaleureux de la presse, de la télévision et surtout des lecteurs autant au Canada qu'en France.

Sans trop tarder, nous avons voulu vous offrir le deuxième volume de cet auteur, parce qu'« une lampe n'est pas faite pour demeurer sous le boisseau… ».

*À sœur Hélène.*

Pour un songe, ce rêve indéfinissable qui vous malmène l'âme et la laisse d'abord indécise, il entra dans un long silence qui dure encore vingt siècles plus tard. Pour un rêve pris pour une parole, il renonça à être père d'enfants hommes et mit au monde un enfant-Dieu. Pour une parole qu'il choisit d'entendre, il ne connut point sa femme, mais l'aima comme toute autre femme au monde rêverait d'être aimée, jusque dans ses choix les plus insensés.

Silence du charpentier, effacement invraisemblable d'un homme qui accepte de n'être qu'un substitut. Substitut d'époux, substitut de père, et pourtant époux irremplaçable, père indispensable.

Joseph le charpentier, connu pour deux songes, moqué pour ses naïvetés, pour un fils, oublié.

À seize ans, on ne choisit pas le silence, on impose son bruit, on défend son pré-carré, on pose sa voix. Joseph, sorti du silence de l'enfance, s'apprête à entrer dans le concert des adultes et le manifeste en prenant travail et en choisissant fiancée. Il est jeune, Joseph, au moment où commence sa courte histoire aux yeux du monde. Ce n'est pas encore un homme à nos yeux d'hommes, nous qui appartenons à un monde qui traîne pour grandir et se prolonge avant de mourir. On grandit vite alors, et on meurt tôt. La vie, plus rapide parce que plus courte, est en même temps plus lente : on va à pied.

Joseph a seize ans[1] ; Marie quinze. Que peut-il se passer de sérieux dans l'âme et la vie de ces deux enfants, penserions-nous, si l'histoire venait à se reproduire ? À cette époque où bascule le calendrier du monde, les gens raisonnables de là-bas se

---

[1] Cet âge ainsi que quelques autres détails prêtés à Marie, à Joseph et à d'autres personnages ne sont pas « historiques » dans le sens où ils ne sont pas prouvés. On connaît très peu de faits sur la mère de Dieu et son époux, ce qui laisse une grande liberté pour essayer de les comprendre et de les faire vivre devant nous. Que le lecteur sache en tout cas que rien dans *Le Charpentier* n'est en contradiction avec ce qui est rapporté dans les Évangiles.

contenteront de demander : que peut-il sortir de bon de Nazareth ? Les gens sérieux et raisonnables ne voient pas les enfants, n'attendent pas les enfants, surtout ceux qui viennent de Nazareth. Village d'une centaine de personnes, trou perdu dans une province qui a perdu sa liberté, le ciel y est bleu, les maisons blanches, et deux enfants qui s'aiment de l'amour le plus étrange et le plus fort y donnent naissance à Dieu.

Joseph est amoureux de Marie comme on l'est à cet âge. À seize ans, en ce temps à Nazareth, l'amour ne se joue pas ni ne s'imagine ; il ne se tente pas ni ne s'essaie ; il se déclare, et c'est pour la vie, et Marie est la vie qui se promet belle, douceur des jours qui s'annonce, sourire qui transforme un garçon en homme.

Joseph est un garçon, et les siècles l'ont représenté comme un vieillard presque. Il est comme un adolescent, et l'on en a fait un homme responsable au visage ridé. Il a le regard rempli d'étoiles, et on lui a prêté les yeux de celui qui a déjà tout vécu. Il est notre jeunesse, et on l'a voulu patriarche. Pour les illustrateurs, Joseph porte barbe, se tient à l'aide d'une canne, et avance voûté et déterminé comme nous imaginons que doit être celui choisi comme père adoptif du fils du créateur. Dieu se devait, n'est-ce pas, d'appeler un homme formé et sage, solide et prudent, ayant goûté aux plaisirs légitimes de la vie d'homme avant de se consacrer à cette tâche étrange et belle qui, depuis le début des siècles, doit être la sienne. Joseph est obligé d'être un adulte à nos yeux.

Et pourtant Joseph a seize ans, et il est au milieu de sa vie sans doute quand il prend Marie pour fiancée. Au milieu de sa vie, à seize ans, et je ne le vois pas vieillir tant sa vie sera courte, et tant surtout son regard de père posé sur Jésus lui ouvrira les portes de l'infini. Le regard de l'homme ne devient vieux que quand il se fixe des frontières. Joseph, père à seize ans, père pendant seize ans, mourra sans avoir eu le temps de vieillir, et il sera pleuré, pleuré vraiment, par son Dieu, par son fils. Et son fils lui fermera les yeux en tremblant, de ce tremblement qui marque les passages. Son fils de seize ans justement, aussi jeune qu'il l'était lui-même au moment où commence son histoire, l'histoire de Joseph qui aimait Marie.

# L'amour de sa vie

C'était un soir comme on les voudrait tous les soirs. La pierre devant la maison était encore chaude, mais l'air déjà anticipait la disparition du soleil, et la lumière avait renoncé à imposer sa loi brutale aux formes et aux couleurs. Le blanc de la maison était redevenu blanc alors qu'il avait été toute la journée gommé, indécelable, privé de sa vie propre par le soleil qui avait écrasé toute indépendance, toute teinte et tout relief des choses pour les fondre en un seul plan indistinct.

L'air, donc, redevenait lentement frais ; une jeune fille attendait un garçon, là sur ce banc de pierre. Elle qui attend, qui est devenue attente. Et lui, qui ne sait rien encore et vient la retrouver tous les soirs, s'émerveille de la trouver si belle et s'étonne qu'elle l'aime.

Les rêves de Dieu sont les songes des hommes qui cherchent Dieu, et Joseph aimait tant Marie qu'il la tenait pour don de Dieu. L'homme qui reçoit l'amour d'une femme comme un cadeau aime celle-ci d'une façon particulière. Et ce n'est pas le même amour que celui éprouvé par qui juge méritée l'affection qui lui est donnée. Il y a des hommes qui comptent leur dû, et d'autres qui ne cessent de s'étonner de recevoir. Il y a ceux des *je vous l'avais bien dit,* et ceux qui n'en reviennent jamais. Il y a ceux qui reçoivent assis, et ceux qui accueillent à genoux. Joseph était de ceux-ci, et il aimait Marie plus que lui-même, sinon comment aurait-il pu croire en elle ?

Aux yeux de Joseph, Marie est imméritée, et l'amour qu'elle lui porte l'émerveille et le laisse étonné. À seize ans, on est forcément surpris de l'amour d'une si belle jeune fille, ou alors rien de la vie ne surprendra jamais. Joseph est l'homme de la surprise tandis que Marie est la femme de l'attente. Joseph va aller de surprise en surprise, et il les acceptera toutes à cause d'une certitude : l'amour de Marie. Et Marie sera la femme de l'attente, attente dans la joie et dans l'incompréhension, attente dans les larmes et dans l'espérance, et elle aura besoin de l'amour de Joseph pour que ses *oui* incessamment répétés résonnent tout aussi clairement que celui des premiers jours.

L'amour de Marie et de Joseph réalise l'union indispensable de l'attente et de la surprise, modèle abouti de ce qu'est la vie de tous les hommes et surtout de ceux qui s'acceptent enfants de Dieu.

Le garçon a passé le coin de la synagogue, et il la regarde assise, la tête penchée, les mains posées sur ses genoux, les yeux baissés vers le sol. Elle ne l'a pas vu encore, et il retarde le moment de s'approcher. Il la contemple de loin, et ce qu'il voit d'elle, personne au monde ne l'a jamais vu ni ne le verra jamais. Il voit, bien sûr, son visage et ce profil de douceur, il accompagne des yeux le mouvement de son épaule sous la robe qui gomme son corps et s'arrête aux pieds nus. Mais il voit surtout la lumière de la jeune fille. Certains hommes et peut-être plus encore quelques femmes offrent cette lumière particulière dans un sourire ou dans un regard lorsque déjà ils ont beaucoup aimé, longuement pleuré, accepté sans s'affaiblir, offert sans s'appauvrir et se sont grandis en se mettant à genoux. Assise sur le banc, la jeune fille révèle sa lumière sans avoir connu ces détours et ces traverses. Cette lumière, elle ne l'a pas conquise, elle l'a reçue et s'est laissé baigner par elle. Le garçon contemple la lumière de la jeune fille, et il est le seul à le pouvoir, car il est le seul à l'aimer ainsi.

Joseph a seize ans et il aime Marie à la folie. Nous devons être absolument convaincus de la force du sentiment qui les lie, relation si banale pour tout un chacun, si étrange à nos yeux quand il s'agit de Joseph et de Marie. Soit nous nous mettons d'accord tout de suite là-dessus, soit nous les laissons là sur leur banc, et nous nous éloignons : leur histoire n'est décidément pas pour nous. Joseph n'aime pas Marie comme un homme respectable aime sa femme respectée à laquelle il est uni depuis des années. Il ne l'aime pas parce que Dieu, lui apparaissant, lui aurait dit de l'aimer. Il ne l'aime pas, comme nous le pensons bêtement vingt siècles après, parce qu'il faut que Joseph aime Marie et la protège pour que l'Histoire se déroule.

Non, il l'aime comme on aime à seize ans, instinctivement et sans question, avec étonnement cependant, et en même temps de la façon la plus naturelle du monde. Il l'aime totalement, pour sa beauté qui le frappe, pour la lumière et la bonté de ses yeux. À quinze ans, sous le regard ardent de ce garçon à peine plus vieux qu'elle, Marie est obligatoirement la plus belle de toutes les jeunes filles vivant sous le ciel, et il l'aime avec sa tendresse de jeune homme, ce qui n'est pas rien, avec une mobilisation totale de ses sens et de sa capacité, ce qui est la seule façon d'aimer à cet âge. Il l'aime pour sa grâce et son charme qui lui paraissent les choses les plus sûres du monde. Il l'aime pour ce qu'il voit d'elle, et il l'adore pour tout ce qu'il en ignore. Il l'aime avec toute sa fragilité et toute sa force, enfant qui devient homme sous le regard de celle qui le fait trembler d'émotion.

Nous perdrions beaucoup à nous entêter à imaginer que Marie, choisie entre toutes, soit exempte des émotions des jeunes filles de son âge. Nous serions un peu sots de juger que Joseph, par conformité appliquée à un portrait idéalisé et infidèle de sa fiancée, soit soudain transformé en une espèce de gardien du tabernacle, garde du corps spirituel détaché des sentiments humains, qui, désormais, déambulerait uniquement dans une sorte de *no man's land* affectif où il perdrait toute existence propre et se statufierait en commandeur de la Sainte Famille.

Au moment où commence cette histoire, soit nous accordons à ces deux enfants qui vont se retrouver sur ce banc les attributs de l'humanité qu'ils partagent avec nous, soit nous les laissons seuls, et nous poursuivons notre chemin en silence. Le respect qu'ils nous inspirent, ou auquel on nous contraint, ne doit pas nous empêcher de déceler chez eux les mêmes sentiments et les mêmes passions qui nous habitent, et nous avons tout avantage à ne pas les déclarer indemnes des mêmes mystères qui nous mettent en marche ou nous font souffrir.

Joseph et Marie n'ont pas été choisis parce que leur amour aurait été moins exigeant que celui des autres hommes et femmes, ou moins vrai que celui offert par chacun de nous s'il le veut bien, mais au contraire parce que ces deux-là s'aimaient plus que les hommes et les femmes ne l'osent habituellement. C'est faire preuve d'une vue singulièrement raccourcie que de croire qu'ils ont renoncé à l'union des corps parce qu'ils ne se seraient pas aimés totalement ou parce qu'ils auraient été des créatures détachées de quelques pesanteurs trop physiques. Il leur fallait au contraire s'aimer par-dessus tout pour continuer à s'aimer en renonçant à ce qui fait les expressions naturelles de l'amour. Car s'ils ne s'étaient aimés qu'un peu, par soumission à la volonté de leur Dieu, ou même s'ils s'étaient aimés beaucoup, par fidélité au souvenir de leur première tendresse, mais pas totalement, ils auraient sûrement découvert l'amertume et les regrets au fur et à mesure que les années se seraient invitées sous leur toit.

Le garçon regarde la jeune fille assise sur le banc, et il discerne un monde qui est le sien, et il voudrait s'y baigner aussi. Il possède la force et elle lui renvoie sa douceur. La jeune fille, monde de grâces qui invite le garçon et l'attire. Et celui-ci voit que derrière la douceur et la grâce de l'expression et de la position, c'est un autre univers qui l'appelle, univers dont il ignore la plupart des chemins et tous les paysages, un univers dont il pressent que, puisque y habite celle qu'il aime, là aussi est sa demeure à lui.

Joseph a seize ans. Religieux, il l'est sans doute, mais pas de manière particulière. Religieux, il l'est comme on l'est à cette époque, naturellement, respectueux de l'observance, humble devant les commandements. Mais, de façon claire, sa grande affaire, au moment où il entre dans l'histoire du monde, n'est pas son amour de Dieu, mais son amour pour Marie.

Et c'est cet amour pour Marie qui intéresse Dieu, beaucoup plus que la piété de Joseph. Pas parce que cela facilite ses plans, comme nos esprits calculateurs pourraient le juger, mais parce que Dieu a fondamentalement besoin de l'amour pour s'incarner. Joseph n'est pas choisi parce qu'il serait un brave type prêt à tous les dévouements, mais simplement parce qu'il aime avec toute la vigueur d'un garçon de seize ans qui se jette corps et âme aux pieds de l'aimée. Il n'est pas choisi pour se sacrifier, parce qu'il serait capable d'abnégation ou parce qu'il ne saurait espérer trouver mieux ailleurs, mais parce qu'il aime comme peu sans doute savent aimer.

Joseph n'est pas le saint patron des mariages blancs, il ne joue pas les utilités, il est fondamentalement amoureux. Il est celui qui aime et ne retient rien de lui qu'il ne l'offre à son aimée. Il renonce à ses préférences et à ses envies ; toutes ses envies légitimes et toutes ses préférences qui ont la qualité et la noblesse d'un amour exclusif, il les abandonne pour une préférence unique instituée comme souveraine. Nos précieuses amours courtoises et alambiquées du Moyen Âge font figure de gentilles distractions à côté de l'amour absolu de Joseph pour Marie, et il n'a de leçons à recevoir de personne dans l'amour qu'il offre à sa femme et dans celui qu'il en reçoit.

Dieu ne pouvait naître dans un couple où l'amour aurait été tiède. Il avait besoin, lui l'Amour désirant se faire homme, de trouver dans l'homme et la femme de sa naissance l'amour le plus grand qu'un homme et une femme pouvaient s'offrir. Et Joseph est le premier responsable de cet amour. Parce que Joseph décide de croire tous les jours de son existence à ce que va lui dire Marie dans cinq minutes sur ce banc, alors que, si Marie a décidé de croire au moment de la visite de l'ange, dès la conception elle cesse de croire pour savoir. Elle sait que sa grossesse n'est pas œuvre d'homme et qu'elle est donc choisie sans aucun doute, à part, porteuse de l'extraordinaire, créatrice de la merveille. Joseph, lui, fait confiance à ce que Marie lui en dit, sans disposer jamais de la moindre preuve. Il ne croit pas d'abord par l'intervention de Dieu, mais par sa confiance instinctive en celle qu'il aime ; et il faut aimer beaucoup sa fiancée avant même d'aimer Dieu pour croire à une pareille affaire. Il faut des liens d'amour et de confiance d'une profondeur et d'une beauté particulières pour croire en celle qui va lui dire bientôt tout uniment :

– Je t'aime, à toi je me suis réservée, mais je porte en moi un enfant, et cet enfant a été conçu par l'Esprit de Dieu.

C'était un soir comme on les voudrait tous les soirs. La pierre devant la maison était encore chaude, mais l'air déjà anticipait la disparition du soleil, et la lumière avait renoncé à imposer sa loi brutale aux formes et aux couleurs. Le blanc de la maison était redevenu blanc alors qu'il avait été toute la journée gommé, indécelable, privé de sa vie propre par le soleil qui avait écrasé toute indépendance, toute teinte et tout relief des choses pour les fondre en un seul plan indistinct.

L'air redevenait lentement frais. Le garçon retarde le moment de s'approcher. Il voudrait se souvenir du jour où il s'est mis à aimer Marie, et il n'y parvient pas. S'est-il même interrogé une seule fois pour savoir s'il l'aimait vraiment ? S'est-il jamais demandé s'il pouvait se trouver qu'il puisse aimer une autre jeune fille plus que Marie ? A-t-il même craint un seul instant que Marie ne l'aime pas autant qu'il l'aime ? Jamais, non, tant il a toujours cru qu'il ne pouvait en être différemment, qu'ils étaient faits l'un pour l'autre, que l'évidence s'imposait et ne souffrait aucune hésitation.

Il s'approche finalement, et ce qu'il lui dit est à la fois totalement banal et destiné à la plus glorieuse des destinées ; deux mots qui résonneront en échos interminables au cours des siècles : « Ave Maria. » Les mêmes mots que l'ange. Deux mots dont des milliards d'enfants, d'hommes, de femmes et de vieillards après lui se serviront pour introduire leurs prières confiantes et leurs demandes angoissées.

Marie a levé la tête ; elle n'a été étonnée ni de la présence de Joseph ni de ses paroles : il les prononce tous les soirs quand il vient la rejoindre sur ce banc. Ave, qui signifie *réjouis-toi*... Marie n'a pas été surprise de la salutation, et sa similitude avec celle de l'ange ne l'a pas frappée. L'ange l'a prononcée et lui a annoncé l'inconcevable ; Joseph l'a prononcée et elle va lui annoncer l'inconcevable.

C'est à ce moment que la vie de Joseph bascule. Le songe de la nuit suivante a son importance, mais c'est maintenant que Joseph va devoir se décider : soit il prend le chemin qui le conduit au destin impensable de devenir père de Dieu, soit il se dirige vers une vie simple et sans surprise. Le songe sera sans force si, au fond de lui, sa confiance en Marie faiblit ; le songe l'établira père de Dieu sur la terre si son amour se révèle aussi inconcevable que ce que va lui annoncer sa fiancée. Que lui dit Marie ?

— Réjouis-toi, Joseph, l'ange de Dieu est venu me visiter ; nous avons été choisis pour mettre au monde le Messie que notre peuple attend. Mais il n'a été engendré ni du sang, ni d'un vouloir de la chair, ni de notre vouloir, mais de Dieu.

Marie n'a pas dit :

— J'ai été choisie,

mais :

— Nous avons été choisis.

Faut-il y voir une précaution pour atténuer le choc de la révélation, un artifice féminin pour ménager l'orgueil de l'homme prompt à s'enflammer ? Marie n'a pas ce genre d'habileté. Elle aime Joseph et joint naturellement son destin à celui du jeune charpentier, même dans l'extraordinaire. Joseph est l'homme par elle choisi, et elle a besoin de lui dans l'inconcevable autant que dans l'ordinaire. Elle n'a pas été changée en madone de vitrail d'un seul coup, Marie. Elle a toujours quinze ans, ne comprend pas tout ce qui lui arrive, et se rapproche instinctivement encore plus de l'appui du garçon à qui elle est promise. Toute femme et tout homme qui s'aiment n'ont pas besoin de grandes explications pour comprendre ce sentiment naturel qui les pousse à se tourner vers l'autre dans l'interrogation ou le doute, dans un surcroît de bonheur ou dans le malheur inattendu.

Marie a besoin de Joseph ; elle éprouve l'absolue nécessité de sa confiance ; elle ressent déjà qu'ils ne font qu'un selon leur promesse échangée. Elle lui parle à lui, et à personne d'autre, car qui d'autre peut la croire ? Nos esprits tourmentés diraient pourtant le contraire ; ils ricaneraient en jugeant que, justement, Joseph est le dernier à pouvoir entendre une telle annonce, car il est le premier intéressé par ce que nous nommerions une infidélité. Or, Marie parle à Joseph parce que lui seul l'aime assez et la connaît pour entendre la vérité dans sa voix, là où les autres soupçonneraient le mensonge.

Joseph connaît Marie, comme seul l'amour peut faire connaître. Joseph croit Marie, comme seul l'amour peut faire croire.

— Nous avons été choisis.

C'est vrai sans doute, mais la question non formulée de Marie à Joseph est celle-ci :

— Acceptes-tu comme j'ai accepté ?

La question n'oblige en rien la réponse de son fiancé. Dans nos rapports compliqués avec le divin, dans nos regards portés avec vingt siècles de retard, nous pensons que Marie et Joseph ont été choisis parce qu'il était prévu de tout temps qu'ils accepteraient, parce qu'il fallait absolument qu'ils disent *oui* pour que l'histoire de Dieu dans le monde commence.

Eh bien, nous nous trompons : c'est tout le contraire. Dieu avait en effet besoin que Marie accepte et il a besoin ce jour-là que Joseph accepte lui aussi, mais le charpentier peut refuser, préférer un amour plus tranquille et plus conforme à ce qu'un homme imagine de l'amour.

Les hommes et les femmes choisis par Dieu peuvent toujours refuser ; c'est à cette condition que, lorsqu'ils acceptent, la puissance de Dieu les traverse et atteint le monde.

Marie ne s'est pas découverte un jour porteuse d'une vie d'origine inconnue qui l'aurait forcée à croire à l'extraordinaire. Non, Dieu, auparavant, la fit visiter pour lui annoncer sa demande ; et Marie a accepté de sa propre foi avant que l'extraordinaire ne s'impose et transforme sa foi en simple acceptation de l'indubitable.

Joseph va accepter, peut-être, sur ce banc ; il va donner lui aussi sa confiance, mais celle-ci s'adresse d'abord à Marie. Le charpentier, pour de nombreuses raisons, et il n'en manque pas, peut refuser de donner sa foi. Dieu, alors, devra prendre d'autres chemins.

Nous avons trop souvent de Dieu, sous prétexte que nous lui prêtons la toute-puissance, l'image d'un grand ordonnateur infaillible. Et nous avons du mal à concevoir que cette toute-puissance justement reconnue ait décidé de se plier à la volonté de sa créature.

Marie a dit aussi :

– Réjouis-toi, Joseph.

Comme l'ange à elle-même, elle a adressé cette salutation qui n'est pas de pure forme, mais une invitation véritable. Elle ne lui dit pas :

– Il m'arrive quelque chose d'extraordinaire...

ou bien :

– Joseph, me croiras-tu... ?

Non, elle lui montre discrètement le chemin par lequel il peut la rejoindre. « Réjouis-toi » ; autrement dit :

– Tu peux vraiment te réjouir de ce que je vais te dire...

ou plus sûrement :

– Choisis de te réjouir de ce que je vais te dire.

Elle chasse d'avance les nuages qui pourraient, qui devraient, obscurcir le cœur de celui qu'elle aime. Elle lui indique autant qu'elle le peut l'attitude qui le fera se rapprocher d'elle, et elle l'invite à emprunter les chemins des sentiments qui sont ceux de l'amour et qui excluent le doute, la colère, la peine, la frustration, le désenchantement.

Joseph est assis à côté de Marie ; il tient sa main entre ses mains ; ils sont tournés l'un vers l'autre, et Marie a dit ce qu'elle avait à dire. Elle ne peut plus rien maintenant. C'est à Joseph de décider.

L'amour entre deux êtres a ceci de particulier qu'il leur offre une force incroyable pour peser sur les décisions de l'autre. Et pourtant, l'homme et la femme, souvent, renoncent à utiliser cette force. Ils pourraient s'appuyer sur l'histoire commune, sur les douleurs partagées, sur les rêves dessinés, ils pourraient jouer du charme, en appeler au souvenir des engagements, exiger la réciprocité. Et pourtant ils déclarent ces armes inutiles, car ce qui les intéresse est la liberté de l'autre et ce qu'ils recherchent est ce que dit l'autre.

Marie n'a pas argumenté ni n'a discouru. Elle a dit, et c'est maintenant à Joseph de dire. Il est un peu difficile de comprendre qu'en ce moment Marie s'intéresse moins à ce qui va lui arriver à elle qu'à ce qui arrive à Joseph. Elle cherche moins à être soulagée qu'à connaître qui est Joseph.

La Bible utilise un mot d'une profondeur insoupçonnée pour évoquer les relations conjugales. Elle dit : *et il connut sa femme*, ou bien *il la prit chez lui sans l'avoir connue*. L'homme partirait à la découverte de sa femme par les chemins du désir jusqu'à la consommation de l'union de tendresse de deux corps. Serait-ce la suprême connaissance réservée à deux êtres ?

Marie a parlé et elle attend, et elle sait qu'elle va tout connaître de Joseph quand il ouvrira la bouche. Le connaître jusqu'au fond de son âme, beaucoup plus que dans la consommation du désir. Certains êtres se révèlent tôt dans leur vie devant un événement instantané, d'autres mettent plus longtemps et s'expriment plus lentement. Il faut à certains l'irruption de l'extraordinaire, et à d'autres la laborieuse domination de l'ordinaire. C'est sur ce banc que Joseph et Marie vont se connaître d'une manière totale et définitive, et beaucoup plus sans doute que bien des amants y sont parvenus malgré la familiarité de leurs corps. C'est là, ce soir-là, que Marie et Joseph vont ou ne vont pas se donner l'un à l'autre.

Et Marie a parlé. Elle n'a eu besoin que de quelques mots, et c'est à Joseph de dire maintenant.

Et Joseph connaît le tumulte et il découvre l'angoisse profonde, celle des rêves brisés et des espoirs bafoués, celle qui bloque tous les chemins et interdit l'avenir. Tumulte immédiat et immédiate angoisse qui le submergent aussi rapidement qu'il a compris ce que lui disait Marie. Il a vu tout de suite, avec une pénétration qui l'a glacé, ce que signifiaient les paroles de sa fiancée. Pas un seul instant il n'a douté qu'elle disait vrai ; en aucune façon il n'a suspecté un mensonge. Il a cru tout, sans retard. Il lui a immédiatement fait une totale confiance. Et il en a été épouvanté.

Épouvanté de constater qu'il ne pouvait plus rien. S'il s'était agi d'un autre homme, quels qu'aient été sa colère et sa déception, sa rage et son chagrin, il avait encore une chance de le supplanter et de reconquérir Marie. Mais avec Dieu, et devant ce regard de Marie qui a changé, comme tourné vers l'intérieur, devant Marie qui a accepté déjà, et a pris sa décision seule au moment même de la visite de l'ange, comme conquise par Dieu, il sait qu'il est sans pouvoir.

Joseph a senti du premier coup que désormais ils n'étaient plus seuls l'un avec l'autre et qu'une présence écrasante s'était jointe à eux deux. Il n'y a plus d'insouciance après une telle constatation, plus de gracieux et léger amour. Il n'y a plus aucun soir de douceur sur ce banc désormais. Quand Dieu s'invite à votre table, Joseph le sait de deux mille ans d'expérience, c'est le tonnerre et souvent le drame, la merveille et les prodiges, l'extraordinaire et l'orage. Il ne sait pas encore à ce moment que c'est aussi la douceur et la tendresse, le bonheur du silence, la simple joie et la profonde prière.

Joseph ne veut pas de Dieu dans son amour à ce moment ; il refuse d'être envahi ; il repousse ce fils invraisemblable qui n'est pas son fils. Il ne veut pas partager Marie, et il exclut de se partager lui-même. Dieu dans le Temple, là-bas à Jérusalem, oui. Mais Dieu, chez lui, dans le sein de Marie, dans ce fils que déjà elle abrite, non !

Alors Joseph tremble, comme tremblerait sa voix s'il se mettait à parler, et son cœur se voile tandis que les larmes emplissent ses yeux, et il regarde Marie qui voit ces larmes et sent cette main trembler, Marie qui souffre au point de sentir se briser d'un seul coup son enfance. Marie qui voit son amour revêtir les tristes oripeaux de la douleur, Marie qui devient femme parce que l'homme de sa vie vacille et est bien proche de perdre pied. Marie, porteuse de vie, et qui lit dans les yeux de Joseph sa terreur devant une vie qu'il croit saccagée.

C'était un soir comme Marie et Joseph n'en auraient pas voulu, ni ce soir ni aucun autre soir. La pierre devant la maison est froide, l'air déjà regrette le soleil. Le blanc de la maison est devenu gris, indécelable, privé de vie propre par la nuit presque établie.

Joseph ne va rien dire ce soir-là, et Marie n'ajoutera rien. Sur le banc, deux enfants qui s'aiment ont cédé la place à deux enfants qui pleurent et s'aiment peut-être plus encore, un garçon et une jeune fille que leur Dieu fait pleurer. Deux enfants comme submergés par leur destin, qui voudraient se crier leur amour, et ne savent que pleurer. Destin accepté par la jeune fille devenue femme qui commence un long chemin de douleurs et d'infini bonheur. Destin qui hésite pour un garçon qui se raccroche à la douceur d'une main et à la lumière d'un regard.

# Rêve brisé et songe de Dieu

Joseph est rentré chez lui ; il s'est arrêté dans son atelier, dernière maison du village sur la route de la Samarie, dernier refuge des objets qui ont une vie à eux, qui se touchent et se voient. Un banc déjà assemblé, une solive qui attend d'être équarrie, univers de proximité et de réalité, son univers à lui, sa fierté et son identité. Il est Joseph le charpentier de Nazareth, comme le fut son père qui lui apprit son art avant de le laisser seul dans la vie, seul absolument jusqu'au moment où il a croisé le regard de Marie, cet instant où le bonheur lui a été promis par ce regard qu'il porte comme un talisman, sa chance de bonheur à lui, sa certitude.

Marie, qui a accepté l'esprit de Dieu, sans hésitation, sans garantie. Marie, si belle et si lumineuse qu'elle ne pouvait être seulement pour lui. Le mystère de Marie qui se cachait sous la lumière de son regard et qu'il avait pressenti, mais sans lui reconnaître son origine, le ramenant à la dimension de ses sentiments de charpentier de seize ans, le prenant pour ce qu'il pouvait comprendre : un amour d'une infinie douceur dont il était l'incrédule destinataire. Marie, merveille pour un charpentier de seize ans, qui se révèle à ses yeux comme la merveille de toutes les créatures, choisie entre toutes pour cette mise au monde inimaginable.

Joseph est surpris de ce désir de Dieu de s'incarner en un enfant, aussi surpris que n'importe quel Juif peut l'être qui attend bien un messie, un roi, mais sans doute pas un Fils de Dieu mis au monde par une jeune fille inconnue d'un village obscur. Surpris, Joseph n'est cependant pas étonné, si vraiment le créateur en a décidé ainsi, qu'Il ait choisi celle qu'il aime, image sans tache de l'amour, incarnation de l'amour dans une jeune fille. Marie, créature réservée de Dieu pour être mère de son Fils, s'il devait y en avoir une, ce ne pouvait être qu'elle.

Seulement, Joseph n'a pas deviné – comment l'aurait-il pu ? – que la jeune fille qui l'attirait était bien plus encore que ce qu'il en percevait. Seul un destin exceptionnel pouvait être réservé à tant de grâces, de douceur, de charme et d'amour. Il

croyait, charpentier naïf, pouvoir être le seul bénéficiaire comblé de la tendresse exceptionnelle découverte dans la jeune fille.

Joseph ne pouvait faire l'économie des larmes en
apprenant la place donnée à Marie par Dieu dans
ses plans. Larmes pour se connaître bien lui-même
et se savoir si loin des contrées intérieures où vit
Marie, simplement par elle invité à en être le spectateur émerveillé. Larmes de se sentir exclu, en
trop, incapable de rejoindre de tels prodiges. Marie
a à faire avec Dieu dorénavant ; quelle est sa place à
lui ? Comment vivre à ces hauteurs quand on s'appelle Joseph et qu'on n'ignore rien de ses insuffi-
sances, des chemins de traverse empruntés, des
envies et des orgueils, des zones d'ombre en soi
découvertes ?

Joseph croit Marie en tout sauf quand elle dit
« nous avons été choisis ». Elle a été choisie, elle,
comment en douter ? Tout le crie et le proclame.
Ce qu'il pressentait dans son amour sans lui avoir
donné de nom l'assure. Mais pas lui, pas Joseph.

Et Joseph se fait mal, il se lacère le cœur, il se
juge et se rabaisse avec méthode et entêtement. Il
mobilise toutes les raisons – et comment n'y en
aurait-il pas ? – de se trouver incapable, inférieur à
toute cette histoire. Non, décidément, Marie est

trop bonne – et comment ne le serait-elle pas ? – de vouloir le faire entrer dans l'histoire et de tenter, acte d'amour autant que de pitié, de l'attirer dans ce plan divin que personne, si ce n'est Marie, et lui à cause de Marie, ne prendrait au sérieux s'il lui était raconté.

Joseph a senti monter à ses yeux les larmes de celui qui renonce, abandonne le terrain à l'autre, se reconnaît vaincu, fait taire tout orgueil tant la différence entre eux deux éclate. Larmes de vaincu qui sent qu'il doit prendre un autre chemin, que là il ne passera jamais, même s'il sent bien qu'au-delà les paysages sont les plus beaux du monde. Juste assez aimant pour deviner la clarté de l'au-delà où se meut Marie, Joseph se croit trop peu digne pour imaginer que le chemin de Marie puisse être aussi son chemin.

Il a décidé de renoncer à son rêve dès qu'il a compris que le rêve d'un charpentier ne peut être abrité sous le même toit que le rêve d'une vierge, mère du Fils de Dieu. Rêve d'un amour paisible et serein pour une vie entière et sans histoire, rêve normal de l'homme normal qui se brise devant le rêve de Dieu pour son peuple. Deux rêves face à face. Homme et Dieu en concurrence. Joseph est croyant, il ne se donne pas une chance devant le Tout-Puissant, le Très-Haut, le Dieu de la tempête sur la montagne. Joseph n'est que croyant, il ne sait pas encore, il ne peut savoir, personne ne peut savoir tant que le Fils n'aura pas parlé, que Dieu envoie ses songes pour raccommoder les rêves brisés des enfants qui connaissent les larmes.

Joseph pressent le sacré, et cette humilité l'emmène sur des chemins sans issue comme parfois les meilleurs sentiments vous éloignent de l'amour. Marie, demeure de Dieu, n'est plus pour Joseph ; Dieu est inatteignable, n'est-ce pas. Il habite dans le saint des saints où seul un prêtre, un grand prêtre, peut concevoir de pénétrer, et en aucune façon un simple jeune homme, charpentier de son état. Marie, devenue de façon incompréhensible le saint des saints de Dieu, n'est plus à proximité de Joseph. Elle s'est forcément éloignée, et Joseph se résigne à ne plus la contempler qu'à distance, tel un fidèle à genoux en direction de l'Arche de Dieu, séparé d'elle par des murs et des rideaux, des gardes et des portes.

Joseph s'imagine dorénavant dans le rôle de l'amant éconduit, du meilleur ami de la jeune fille de son enfance, de celui qui aurait pu mais avec qui cela ne s'est pas fait. Il sera le confident sans doute, mais à distance, quand seulement il n'y aura personne de mieux avec qui parler. Celui qui n'en veut pas bien sûr à celle avec laquelle cela n'a pas été possible, mais qui se consume, incapable de porter

39

ses regards ailleurs, intimement convaincu que jamais il ne sera possible de retrouver une autre jeune fille qui supporte la comparaison, qui puisse lui inspirer un pareil amour.

Ce que ressent Joseph dans la nuit, tandis qu'il est assis par terre dans un coin de son atelier, est exactement ce que vingt siècles vont penser de lui, incapables de découvrir qu'il y a autre chose en lui et aussi dans son amour. Au mieux il lui est donné de se croire et d'apparaître comme celui qui sublime un échec, au pire comme le compagnon de raccroc qui pourvoit au nécessaire du quotidien, mais est exclu de l'essentiel. Et Joseph goûte les larmes de la frustration, mais aussi celles d'une espèce de dégoût de soi qui atteint ceux qui ne peuvent rien contre le destin, s'efforcent de se résigner, et tentent sans y croire de transformer l'indignité qu'ils s'accordent en une noblesse qu'ils essaient de se fabriquer.

Joseph court un risque, car il y a de la haine cette nuit-là dans l'atelier du charpentier, et elle ne peut provoquer le rire de personne. Faute de pouvoir haïr ce Dieu qui le déloge, incapable de haïr Marie, que trop il adore, son chagrin est en train de se muer en une détestation sans appel pour lui-même. Il faut se méfier absolument des cœurs aux aspirations les plus hautes qui rencontrent une douleur dont ils n'acceptent pas de donner la responsabilité à ceux qui en sont la cause. Plus cette douleur est forte et plus ils idéalisent son auteur, plus ils introduisent en eux les germes de la destruction.

Dans cet instant, Joseph aurait moins souffert s'il avait refusé de croire à la fidélité de Marie ou s'il avait pu la détester elle et son Dieu invraisemblable qui saccagent son existence. Joseph ne s'y résout pas, ne peut pas s'y résoudre. C'est lui-même qu'il va haïr si rien ne se passe.

Joseph s'est résigné et il se déteste dans ce rôle de victime. Il admet l'extraordinaire, dans sa confiance instinctive envers Marie, mais il n'imagine pas que l'extraordinaire soit aussi pour les charpentiers de cette époque. Marie connaît un autre destin, doit emprunter d'autres chemins, a pénétré dans un autre monde, Marie doit reprendre sa liberté. Le charpentier n'est que charpentier ; il ne prend pas part aux mêmes aventures.

– Je suis indigne, se dit Joseph, rassemblant autour de lui dans sa nuit la cohorte de malheur de tous ceux qui ont dit ou pensé la même chose et se sont entretenus dans cette idée destructrice. Il ne peut pas comprendre, le charpentier de seize ans en larmes, que justement il a été choisi pour guider les premiers pas de Celui qui vient dire à tous les charpentiers du monde, à tous les indignes de la terre, et cela en fait un bon nombre, que personne, pas un, n'est indigne dans le monde. Il va lui falloir le découvrir vite, fermer définitivement la porte à cette humilité malsaine qui paralyse et détruit. Il va lui falloir comprendre qu'on a besoin de lui...

Joseph ne peut pas faire rire, car nous sommes tous des Joseph qui pleurons dans nos nuits de n'être pas à la hauteur de nos espérances, de nous savoir totalement indignes de nos aspirations, d'attendre et parfois en vain qu'on nous redonne notre dignité, qu'on nous réconcilie avec nous-mêmes.

Le charpentier n'a pas encore compris qu'il est aussi fils de Dieu, ainsi que le Fils de Dieu vient l'annoncer à tous les hommes et aux charpentiers en particulier. Pour l'instant, il ne peut dépasser l'idée qu'à Marie est réservé le destin et à lui le chagrin, et plus tard, s'il en est un jour capable, l'offrande de ce chagrin.

Joseph a pris la plane, il s'est penché sur la solive, et les copeaux volent, sans colère ni hargne, et les larmes cèdent devant le travail à accomplir, se tarissent au fur et à mesure que les mouvements de l'habitude se succèdent, les gestes normaux d'un charpentier qui a perdu sa fiancée.

La peine et le travail dessinent son destin, et Joseph les a pris pour ce qu'ils étaient, les compagnons de sa vie. Et, à force de travail et de peine, la fatigue aussi l'a rejoint, et enfin le sommeil, don de Dieu pour les charpentiers qui ont renoncé au bonheur.

Le sommeil des charpentiers qui ont renoncé au bonheur par crainte de Dieu et ont renoncé à Marie par crainte de leur propre indignité est un sommeil particulier, le sommeil de tous les hommes qui renoncent par amour. Ces sommeils sont visités, habités, arrachés à leur simple fonction de repos et de soulagement. Ils sont peuplés de songes qui ne sont plus les rêves des charpentiers ni les rêves des hommes, mais les songes de Dieu. Il faut bien que Dieu rejoigne les charpentiers, il faut bien qu'il leur parle puisque les charpentiers sont dans la peine, puisqu'ils ne comprennent pas encore que Dieu a décidé de sortir du saint des saints, puisqu'il ne leur a pas encore révélé qu'aucun charpentier n'est indigne de Dieu ni aucun Joseph indigne de Marie, et que lui, Dieu, a besoin des charpentiers de seize ans emplis d'amour.

Joseph a accueilli le songe de Dieu, ou plutôt sa souffrance l'a appelé, et le songe a parlé à Joseph, et personne d'autre n'a entendu sa voix. Ce qu'on n'entend pas soi-même n'est que faribole, n'est-ce pas ? Vingt siècles plus tard, beaucoup d'hommes n'aimeront pas ces fariboles, sans se rendre compte qu'à force de nommer faribole tout ce qui n'est pas nettement observable ou audible ils se rendent incapables d'observer ou d'entendre autre chose que ce à quoi ils sont habitués. Nous fixons nous-mêmes les limites de ce que nous sommes prêts à voir ou à écouter.

Beaucoup d'hommes envient les charpentiers visités par les songes de Dieu. Ils se demandent : « Pourquoi pas moi », ils se disent : « Pourquoi lui », ils se jugent bien loin, en dehors, indignes peut-être. Ils ne savent pas que le charpentier s'est réveillé en s'interrogeant : « Pourquoi moi ? Et que se passe-t-il pour les autres ? Et ai-je rêvé ? » Ils ignorent, tous les hommes de la terre, que les charpentiers ont dû décider de reconnaître que leur rêve était un songe de Dieu, qu'il leur a fallu prendre parti pour ou contre. Dieu visite les hommes en songe par discrétion, pour ne pas s'imposer, pour leur laisser la possibilité de ne pas donner à cette visite son origine réelle. Il leur parle forcément dans le silence, mais si bas que personne n'est contraint d'avoir entendu.

Les songes de Dieu qui se glissent dans les rêves des hommes leur appartiennent ; ils sont à eux et à personne d'autre, et les hommes n'ont pas à raconter leurs songes venus de Dieu, ils se contentent de les évoquer avec plus de pudeur encore qu'ils n'en mettraient pour parler de leur amour. Les songes de Dieu changent la vie des hommes ; il suffit de regarder la vie des hommes qui a changé, et le bonheur qui habite leur regard désormais.

Joseph est entré dans le sommeil dans la crainte de Dieu ; il en est sorti dans l'amour du Père de son Fils à naître. Il y est entré éperdu de malheur ; il en est sorti, ne comprenant pas son bonheur. Aucun homme visité par les songes de Dieu dans son sommeil ne comprend d'emblée son bonheur, qui est un bonheur différent de celui des hommes qui n'ont pas ouvert leurs rêves aux songes de Dieu. Les songes de Dieu lavent l'âme des charpentiers et leurs regards aussi, et les charpentiers se réveillent dans l'étonnement, ayant du mal à se reconnaître, surpris de leur nouveau regard, désarçonnés par le nouveau visage de leur âme.

Joseph s'est réveillé empli d'une conviction toute simple mais que tout le monde ne partage pas encore. Il a découvert qu'il n'y a pas de guerre entre Dieu et ses créatures, qu'il n'y a pas de rivalité, que les renoncements des hommes ne sont pas des amputations mais les signes annonciateurs de bonheur, que les destins et les chemins imaginés pour eux les comblent bien plus que ceux qu'ils auraient dessinés eux-mêmes.

Joseph vient de se réveiller, le jour commence à poindre, et l'âme de Joseph s'est réveillée, ses yeux se sont ouverts. Il se juge bête d'avoir pensé tout ce qu'il a pensé, d'avoir douté jusqu'aux larmes, d'avoir préféré la tristesse au bonheur quand le bonheur lui était encore offert, un bonheur différent peut-être, étrange assurément, mais le bonheur avec Marie, qui est le bonheur suprême du charpentier. Il découvre sa folie de la veille et commence à comprendre, avant tous les autres hommes de la terre, ce que trop d'hommes de la terre refusent encore de comprendre, la folie des hommes qui se jugent indignes de l'amour, du mystère et des songes : tous les hommes bien sûr sont indignes de l'amour, sauf quand ils aiment ; tous les hommes sont indignes du mystère, sauf les fils de Dieu ; tous les hommes sont loin des songes de Dieu, sauf les hommes qui souffrent.

Joseph a vécu dans le songe de Dieu, il lui a reconnu son origine, il a décidé de croire, il a rencontré sa destinée dans un songe. Le charpentier s'est levé ; la solive attend son travail, et Marie l'attendra ce soir sur le banc, car Marie sait attendre, attendre que le charpentier accepte la surprise. Joseph passera le coin de la synagogue, et viendra s'asseoir, prendra la main de Marie, sans rien dire. Le silence comme promesse.

# Mystère et prodige

Marie dort maintenant, et aussi l'enfant. Joseph est assis sur une botte de paille, et non pas à genoux, comme on s'évertuera par excès de vertu à le représenter. Il veille seulement ; il a eu peur, s'est inquiété, s'est demandé quoi faire, s'est senti exclu.

Les pères sont terrorisés, et les jeunes pères le sont plus encore. Égoïstement terrorisés quand ils voient quelle souffrance inflige à leur aimée cette vie qui n'en finit pas de naître, égoïstement terrorisés de ne pouvoir rien faire, sinon tourner en rond, effectuer des va-et-vient inutiles, prendre une main, caresser une chevelure, essuyer un front, et surtout supplier intérieurement que cela aille vite désormais. Les maris, avant de devenir pères, sont toujours pressés et désireux que cela aille plus vite. Neuf mois trop longs, et la mise au monde qui dure indéfiniment, et leur femme qu'ils ne reconnaissent pas durant tout ce temps, et leur enfant qu'ils ne connaissent pas encore, et cela les inquiète d'ignorer qui il va être, alors que tout de même ils lui ont donné l'existence. Les femmes trouvent instinctivement les ressources qui les font devenir mères, les pères apprennent leur rôle laborieusement.

Joseph est soulagé. Le visage de Marie est redevenu tranquille ; l'enfant semble être au chaud. Tous les pères, après une naissance, voudraient bouger, sortir dehors, secouer par des mouvements de tous les jours les restes de leur inquiétude, chasser cette espèce d'engourdissement qui vient des émotions incompréhensibles, faire un peu de bruit, se soulager de ce silence qui les rejoint, et avec eux leur femme et l'enfant, parler à quelqu'un, non pas pour annoncer, comme on essaie de le faire croire, l'événement heureux, mais simplement pour rompre un charme qui s'est emparé d'eux et dont ils ignorent la nature, pour rejoindre la vie normale.

Joseph n'est pas sorti, à personne il n'a parlé. Le bruit viendra plus tard, et les adorations et les reconnaissances, les yeux émerveillés, les chants peut-être. Il est là, immobile, lentement envahi par la contemplation du mystère ; plus précisément tout occupé à la contemplation du mystère qui l'envahit lui, Joseph. Pour tout humain, s'il le veut bien, il y a dans la vie un moment – et pour quelques-uns plusieurs de ces moments – où il a rendez-vous avec le prodige, et il est mystérieux. Pour Marie, ce fut lors de la visite de l'ange qui lui annonçait la venue de son Fils. Pour Joseph, c'est maintenant, dans le silence, et c'est extraordinairement important bien que toujours ignoré, mal perçu, insoupçonné. C'est aussi un des moments les plus émouvants qu'il ait été donné à un homme de vivre, totalement unique et pourtant parfaitement exemplaire, à mille lieues des préoccupations de tous les hommes ordinaires, et cependant radicalement familier.

Joseph regarde l'enfant, et il a du mal à le comprendre. Cet enfant qui n'appartient à personne, qui n'est pas son enfant. Peut-on même affirmer qu'il est celui de Marie, tant il échappe à tout cheminement humain ? Appartient-il à un homme ou à une femme, cet enfant de l'invraisemblance ? Joseph regarde le front rond, les paupières fermées, le visage un peu fripé. Enfant semblable à tous les enfants d'homme, personne ne le jugerait hors du commun. Joseph n'a jamais regardé de très près un nouveau-né auparavant ; il n'a jamais eu vraiment l'occasion d'être surpris par un visage qui vient au monde. Le visage de l'enfant est comme celui de tous les autres enfants, et pourtant Joseph est frappé de découvrir que le visage d'un nouveau-né est avant tout un front, front bombé qui domine des yeux fermés et un nez minuscule, front disproportionné presque, manifestant sa volonté de vivre et de s'adapter à la vie qui lui est donnée.

Aux yeux de Joseph, cet enfant à lui attribué est l'enfant de l'étrange. Enfant que tout le monde alentour lui attribuera, enfant que lui a donné Marie, mais enfant incompréhensible. Messie enroulé dans des langes, quelle est donc cette royauté qui commence si pauvrement ? Fils de Dieu à qui Joseph n'a trouvé aucun palais pour naître.

Joseph regarde l'enfant, Fils de Dieu fait homme. Fils du Très-Haut, a dit l'ange à Marie. De quelle façon ont-ils rêvé l'un et l'autre depuis que Marie est venue habiter chez Joseph ! L'ange a promis que l'enfant régnerait sur la terre d'Israël pour les siècles, établi sur le trône de David. Doit-on croire l'ange qui vient parler aux jeunes filles, mais comment ne pas le croire quand Marie conçoit de la seule volonté du Très-Haut ? Qu'y a-t-il de plus extraordinaire : le règne promis à l'enfant ou l'enfantement promis à la vierge ?

Joseph vient de sortir l'enfant de sa couche. Il veut le tenir, sentir son existence, peser sa présence. Instinctivement, avec un peu de raideur, il l'a calé sur son avant-bras, la tête dans le creux de son coude. L'enfant dort toujours, la respiration est imperceptible, le corps amolli, puissance de vie réduite au minimum, comme pas encore né. Joseph vient de franchir un pas ; il a pris l'enfant, pas son enfant déjà, l'enfant, un point c'est tout ; mais il l'a pris, et pour l'instant cela suffit.

Durant toute la nuit, il s'est contenté d'aider deux femmes charitables des alentours venues apporter leur aide pour la mise au monde. Il n'a rien fait d'autre, forcément. Les femmes sont parties, Marie dort, et le silence règne. C'est dans ce silence, sans spectateur, que Joseph commence à faire connaissance avec l'enfant que la vie et Marie lui confient.

Joseph s'enhardit. De sa main droite, il ose frôler la tête du nouveau-né. Sensation de chaleur, d'une étonnante compacité, légère palpitation sur le sommet du crâne, frémissement intérieur qui se propage jusqu'à la surface de la peau à peine couverte d'un duvet. Il s'inquiète un peu de cette manifestation de vie, comme si elle était incongrue, pas encore domestiquée. Il caresse doucement la tête, du creux de sa paume, pour donner à sa main la plus grande douceur possible. Un charpentier connaît les choses en les lissant lentement, en les frôlant, par effleurement de la main et il juge son ouvrage, le rabot posé, en suivant de la paume la ligne du bois, anxieux d'y découvrir une aspérité.

Joseph entre dans un processus de découverte qui va le mener loin, beaucoup plus loin qu'il ne l'aurait imaginé. Sans le savoir, il emprunte tous les gestes de tous les pères au monde, procède avec la même naïveté, s'étonne des mêmes bizarreries, s'émeut des mêmes fragilités.

Joseph n'est pas encore le père de l'enfant à cet instant ; il n'a d'ailleurs pas imaginé une seule fois depuis l'étrange soirée sur le banc avec Marie qu'il pourrait jamais le devenir, tant il pense, avec la même bêtise que celle de tous les hommes, qu'être père c'est donner son sang, avec l'espoir de se retrouver dans le fruit de ses amours. Il serait surpris une fois de plus si on lui disait que tous les pères de sang sont aussi démunis que lui devant leur enfant, qu'ils ne deviennent pas pères à la naissance, mais à la seule condition qu'ultérieurement ils le décident et fassent de l'enfant, de n'importe quel enfant qui leur est donné, leur enfant vraiment. Surpris, Joseph, s'il mesurait combien cet orgueil mâle est gentiment déplacé et à quel point être père ne se décide pas un beau jour, environ neuf mois avant la naissance, mais au cours de la vie de l'enfant, au fur et à mesure qu'il grandit.

Joseph ne mesure rien, n'anticipe pas plus, ne se livre à aucune comparaison, il sent seulement le poids de l'enfant sur son bras qui s'engourdit légèrement. Il porte le Fils du Très-Haut, et il le voit très petit et pourtant très lourd, envahissant, totalement confiant, se reposant dans l'abri d'un bras qui est forcément celui de son père, de son point de vue d'enfant qui a besoin de repos, de confiance et de l'abri d'un bras, et aussi de ce frôlement autour de sa tête qui le rassure infiniment.

Joseph n'essaie plus de comprendre les plans qui le dépassent, il ne tente pas de percer l'avenir, ni les volontés du Très-Haut, ni ses étranges projets sur les hommes. Il se contente, et cela l'occupe totalement, de caresser la vie qui vient d'apparaître. Il prend son temps, apaise sa curiosité en regardant un enfant comme le sont tous les autres. Il sera temps demain, n'est-ce pas, de s'interroger à nouveau, de tenter d'éclaircir le mystère. Il y a mieux à faire dans cette nuit et dans ce silence, il faut commencer à devenir père, et c'est plus difficile pour lui que pour tous les autres hommes. Il lui faudra plus de temps peut-être puisque durant des siècles on lui déniera cette qualité, la réservant aux seuls pères de sang. Il lui faudra plus d'humilité aussi, mais de cela il ne manque pas. Il lui faudra surtout plus de fierté qu'il n'en a pour croire que le

53

Très-Haut a absolument besoin de lui pour que son Fils se découvre tel qu'Il est. Il lui faudra un jour comprendre qu'il est véritablement père de Dieu sur la terre, et non pas simple succédané, utile certes, naïf et gentil, mais finalement peu glorieux et effacé, comme les siècles à venir le jugeront avec leur courte vue.

Joseph a besoin de temps. La nuit lui est propice, et le temps commence tandis qu'il n'ose bouger son bras, devenu douloureux, de peur de réveiller l'enfant.

Joseph ne dit rien, et c'est tout son problème. Le peuple auquel il appartient observe des rites fondés sur une sagesse acquise durant des siècles, et parmi ceux-ci, il en est un qui exige que le nom de l'enfant soit donné par le père. Il ne s'agit pas de la manifestation de la puissance paternelle aux dépens de la place de la mère, mais d'une profonde compréhension de ce que doit accomplir le père. La femme a porté et a mis au monde; elle est mère sans conteste, physiquement mère, totalement consciente de l'être, impuissante à le nier si elle le désirait. La mère n'a de ressource que d'accepter sa maternité lorsque la vie en elle s'éveille. Le père pourra toujours ignorer qu'il a donné la vie, refuser d'en être l'origine, affirmer que ce n'est pas lui. Le père peut toujours se soustraire à sa paternité.

Donner son nom à l'enfant qui lui est présenté, c'est reconnaître cette paternité, se révéler aux yeux de tous comme celui qui prend en charge.

C'était six mois plus tôt. Élisabeth, cousine âgée de Marie, bien trop âgée pour enfanter, stérile pendant quarante ans, avait pourtant, contre toute attente, mis au monde un enfant. Son mari, Zacharie, avait été neuf mois auparavant visité dans le sanctuaire par l'apparition d'un ange lui annonçant que sa femme allait enfanter un fils auquel il devrait donner le nom de Jean. Homme raisonnable, mais surtout homme comme tous les autres, qui a trop espéré et ne veut plus être déçu, Zacharie demanda une preuve. Elle lui fut donnée sur-le-champ : il devint muet, et le demeura tout le temps de l'attente.

Le huitième jour après la naissance, le père et la mère vinrent pour la circoncision. Devant l'incapacité de Zacharie à prononcer le nom de l'enfant, l'entourage voulait l'appeler comme son père, mais Élisabeth déclara : « Il s'appellera Jean. » Le choix d'un tel nom, qui ne se retrouvait pas dans la lignée, suscita l'étonnement. Devant eux, une mère voulant attribuer un nom étrange, et un père en retrait, impuissant à remplir son rôle, muet alors que sa parole aurait dû donner existence légale à l'enfant. Ils se tournèrent néanmoins vers lui et lui demandèrent par signe quel nom il avait décidé. Zacharie écrivit « Jean est son nom », reprenant ainsi à son compte la parole de l'ange et celle de son épouse. À l'instant même, il retrouva l'usage de la parole.

Toute l'attente et toutes les couleurs de la confiance réunies dans une famille. Marie s'étonne devant l'ange, mais croit sans demander de signe. Élisabeth, contrainte à croire, et si heureuse de l'être, puisque la vie en elle s'éveille. Joseph ne comprend pas mais croit au nom de son amour pour Marie, croit non pas le Très-Haut mais sa fiancée. Zacharie a trop attendu, a trop guetté, a fini par renoncer, a laissé le chagrin s'installer, et pour le rendre moins vif, pour éviter que régulièrement il ne le frappe aussi fort, a décidé de ne plus attendre. Zacharie n'est pas un homme sans attache avec Dieu, il est prêtre, mais il a trop souffert et a décidé de se protéger pour rendre la souffrance supportable.

Zacharie, au terme, donne le nom à l'enfant et se réconcilie avec la promesse, avec l'attente, avec le mystère et le prodige. Du doute il passe à la reconnaissance, et aussi au bonheur. Muet, il l'est demeuré jusqu'au moment précis où il reconnaît l'enfant et en même temps le désigne du nom indiqué par l'ange.

Joseph est muet devant le nouveau-né qui dort sur son bras, muet de sa volonté, muet de son incapacité à comprendre le mystère et à accepter le prodige. Il s'est déjà demandé beaucoup à lui-même, il a beaucoup sacrifié à son amour, il a renoncé à comprendre devant le regard de Marie qui lui donne une telle lumière.

Joseph est un charpentier; il ne connaît pas grand-chose de Dieu, en tout cas beaucoup moins que ce qu'en connaît Zacharie. Mais Joseph connaît Marie, et c'est sa chance en même temps que son bonheur et peut-être son honneur. Dieu atteint Joseph à travers Marie, ce qui est déjà beau, mais il l'atteint surtout à travers son amour pour Marie, ce qui est un mystère pour un homme de cette époque. Dieu ne s'est pas encore incarné dans l'amour, et cette totale irruption de l'incompréhensible n'est pas familière pour les charpentiers, et même, et surtout, pour les prêtres de ce peuple et de cette époque.

Le temps a passé; comme tous les pères portant l'enfant à la naissance, Joseph n'a pas voulu bouger, n'a pas osé. L'enfant, bien sûr, s'est fait de plus en plus lourd et le bras de Joseph est devenu presque insensible.

Joseph ne le sait pas, n'y pense pas, mais il ne va pas pouvoir attendre. Vingt siècles après, nous le savons : Marie et Joseph vont monter huit jours plus tard au Temple, et l'on demandera à Joseph le nom de l'enfant présenté. Et, bien sûr, Joseph dira ce nom. C'est le rite, c'est naturel, obligé, depuis que Marie est venue habiter chez lui. Il le dira, comme il est normal qu'il le dise. Mais Joseph ne peut pas attendre ce moment de la circoncision, il ne doit pas retarder sa parole jusque-là s'il veut, s'il accepte, s'il décide de lui-même. Joseph doit décider de sa propre volonté. Il doit chasser Dieu de sa décision, il doit écarter son amour pour Marie, repousser de son cœur et de ses pensées son Dieu et son épouse. Il doit être seul à vouloir. À ce moment, même Dieu, même Marie, son amour pour Marie et sa crainte de Dieu, sont des mauvaises raisons de choisir. L'enfant a besoin d'un père, il n'a pas besoin d'un homme qui veut bien être père parce qu'il aime la mère de l'enfant ou parce qu'il craint le Dieu d'Israël.

Il y a des mystères dans le cœur de l'homme, et ce sont des petits, ou bien, parfois, de grands mystères, mais ce sont toujours des mystères plus petits que les mystères qui habitent le cœur des hommes qui sont pères. Est-ce le poids de l'enfant, est-ce sa main qui a agrippé un doigt de Joseph, est-ce la chaleur de ce crâne qui palpite, ou bien ce front bombé, la crispation qui a secoué un peu le corps qui est si petit, tellement plus petit que ce qu'imaginait le charpentier ?

Ce n'est ni Marie, ni l'amour de Joseph pour Marie, ni Dieu, ni la crainte de Joseph pour Dieu. C'est l'enfant, lui seul assurément, l'enfant lui-même, l'enfant qui n'est pas craint, qui veut être aimé. Qu'il soit Fils du Très-Haut ou Messie, peu importe à ce moment, c'est à cause de lui, c'est entre lui seul et Joseph. Il advient alors que Joseph prononce le nom que l'enfant attend. En devenant Jésus, l'enfant devient d'abord le fils du charpentier. En prononçant doucement son nom, le charpentier devient le père de son fils, son fils à lui avant d'être le Fils de Dieu, enfant qui a besoin d'être le fils du charpentier pour découvrir qu'il est le Fils de Dieu.

Marie peut maintenant se réveiller ; elle ne pouvait assister à cela. Elle ne devait pas s'en mêler, elle aurait, malgré elle, tout empêché. Les bergers peuvent s'approcher, guidés par l'étoile du Très-Haut ; ils ne pouvaient arriver plus tôt. Le Très-Haut ne pouvait se manifester avant, car il ne voulait pas peser sur la décision de Joseph. Ce moment, aussi important que la naissance qui concerne le fils et la mère, n'appartenait qu'à l'enfant et à son père.

## Deux jeunes tourterelles,
## l'une noire et l'autre blanche

Joseph regardait les tourterelles s'agiter un peu, les ailes entravées, anticipant déjà leur sacrifice, prévenues par les cris de leurs sœurs. Elles savaient tout, bien sûr, depuis des siècles vouées au même destin, offrande de substitut, substitut d'Isaac, le fils lié sur l'autel par Abraham son père, substitut de l'agneau de la fuite en Égypte. Les tourterelles sont les dons des pauvres qui viennent présenter leur premier fils au Temple, signe que l'aîné mâle est offert au Tout-Puissant. Premier-né consacré, tourterelles sacrifiées, les détours empruntés alors par les hommes pour tenter de rejoindre le Très-Haut sont cruels aux créatures de Dieu.

Les tourterelles sont pour les pauvres ; les riches se donnent d'autres atours, font offrande d'un sang plus coûteux. Mais, même pour les pauvres, les tourterelles sont chères aux portes du Temple. Il faudrait sans doute que quelqu'un ose renverser les échoppes des marchands, leur crie leur indignité, leur rappelle que les pauvres sont pauvres et qu'eux sont trop riches pour camper aux portes de la maison de Dieu. Joseph a acheté les tourterelles qu'il pouvait, ni les plus belles ni les plus chères. Deux jeunes tourterelles, l'une blanche, et l'autre, étrangement, noire. Deux tourterelles dépareillées qui voudraient s'envoler à tire-d'aile.

Marie tient l'enfant dans ses bras, Joseph les deux tourterelles. Ils se fraient un chemin dans la foule, se rapprochent instinctivement des jeunes pères et des jeunes mères qui, comme eux, portent tourterelles et nouveau-né. Où aller déposer les tourterelles, où dire les prières de purification ? Joseph est soucieux de bien faire selon la Loi, il n'a pas conscience sans doute de la bizarrerie de ce qu'il exécute. Deux tourterelles pour racheter son fils, prix à payer pour le garder, alors que la Loi voudrait qu'il soit entièrement donné à Dieu. Deux oiseaux offerts afin de racheter un enfant qui s'offrira pour racheter les enfants du monde. Le sang des deux volatiles qui annonce le sang du Fils de l'homme. Deux oiseaux de liberté arrêtés en plein vol pour garder un fils qui échappera à la protection de ses parents.

Marie et Joseph se plient normalement au rite qui est de soumission et aussi de reconnaissance, et ne prennent pas encore la mesure exacte du saisissant raccourci qui s'opère par leur piété. Ils ne savent pas encore que le geste rituel qu'ils accomplissent va bientôt perdre toute signification. Le monde va changer de direction. Ils sont les héritiers des hommes pieux qui, par reconnaissance de la primauté donnée à Dieu, ont décidé que le premier-né serait offert et consacré totalement. Ils sont les continuateurs des hommes raisonnables qui, par refus d'une exigence aussi lourde et trop rude, ont inventé l'offrande de remplacement grâce à des animaux choisis parmi les plus purs. Ils sont les victimes des hommes intéressés qui, de cette offrande, ont fait une affaire d'argent, et pauvres comme tous les pauvres, ils ont dû se contenter du minimum, deux tourterelles sans noblesse, l'une noire et l'autre blanche.

Ils sont les parents d'un enfant qui va rendre d'un seul coup caduques ces offrandes de pacotille et ces affaires d'argent. Le sang de leur fils versé librement interdira tous les aménagements ultérieurs de la dévotion, tous les marchandages de la piété, tous les compromis rituels.

Joseph et Marie portent ce jour-là l'histoire du monde au moment où elle change de direction : deux tourterelles offertes les ailes entravées, un enfant à offrir devenu homme aux bras écartelés. Deux tourterelles inutiles, pauvres et dépareillées, rite venu de l'astuce des hommes, mais rite impuissant à empêcher le destin de cet enfant-là.

Il n'y a pas de rachat possible pour leur fils, et aucune tourterelle donnée en échange ne peut le soustraire à l'appel. Les tourterelles sont inutiles pour cet enfant, elles le deviendront pour tous les enfants du monde à naître quand il aura versé son sang à lui. Les détours empruntés par le monde forcent l'Enfant de Dieu à de bien cruelles offrandes.

Deux parents, un enfant, deux jeunes tourterelles montent les degrés du Temple au milieu d'un groupe de parents, d'enfants et de tourterelles. Joseph porte le fils du Très-Haut, il le croit, le sait mais ignore tout du reste. Et ce reste le trouble. Quand tout cela va-t-il être révélé, reconnu ?

Joseph est comme tout homme qui croit ; il aimerait aussi savoir. Apprendre dès maintenant comment cela va se passer, de quels événements leur vie sera le théâtre, quelles seront les rencontres, les aventures et les bouleversements. Joseph est troublé et cela se comprend. Il pense avec un peu de naïveté que le destin doit un jour se révéler brutalement et emporter l'adhésion de tous. Il n'imagine pas que le destin doive d'abord être reçu par celui à qui il est réservé, accueilli dans le silence, lentement découvert et apprivoisé, petit à petit installé.

Le destin de l'homme ne devient son destin que s'il le reconnaît d'abord. Ce destin doit d'abord transformer celui qui l'abrite, et c'est celui-là qui le révélera à la lumière. Le destin de son fils, avant d'éclater aux yeux du monde, devra d'abord se frayer un chemin dans l'âme de l'enfant.

Tous les destins éclatants sont d'abord intérieurs, Joseph ne le sait pas encore, mais il le découvrira, forcément, puisqu'il mourra avant d'avoir vu son fils se lever dans le monde, lui apporter la parole et aussi le sang. Joseph, toute sa vie, ne saura jamais rien, il devra se contenter de croire.

Joseph monte les marches du Temple, il porte le destin de son peuple, le roi futur conçu hors de la volonté des hommes. Cette conception dans l'étrange est le seul signe indubitable, la seule preuve qui lui a été donnée, la seule qui lui rappelle la véritable nature de son enfant.

Avant d'être source d'étonnement, de doute ou de ricanement pour les générations à venir, la virginité de Marie remplit un rôle essentiel pour elle-même et pour Joseph ; elle est le signe indubitable du destin hors du commun de l'enfant qu'ils mettent au monde. Le seul signe auquel ils puissent s'accrocher pour continuer de croire à leurs songes et à la voix de leur cœur.

Tout le reste les porte à l'interrogation, au doute, à l'incompréhension. Pourquoi moi ?, se dit Marie certains soirs. Pourquoi moi ?, s'interroge Joseph encore plus souvent. Pourquoi leur pauvreté et pas des parents plus en vue, riches ou puissants, pour mettre au monde ce roi ? Tous les pourquoi du bon sens peuvent surgir et forcément surgiront, mais tous se brisent et se briseront devant le signe que ce jeune homme et cette jeune fille ne peuvent ignorer, compter pour de rien, ni ranger au rang des illusions : la venue de l'Esprit de Dieu sur Marie responsable de la vie qui s'est éveillée en son sein.

Est-il hors de portée de l'homme du monde moderne de consentir à un changement de perspective et de se mettre à la place de ces deux jeunes gens, d'abandonner un instant toutes ses raisons de douter, ses craintes de se montrer bêtement crédule ? L'enfant qu'ils viennent de mettre au monde et qu'ils présentent au Temple est un enfant comme les autres aux yeux de tous, au même état de développement, au même niveau de conscience que n'importe quel autre enfant porté par n'importe quel père du groupe auquel se sont joints Marie et Joseph sur les marches du Temple. Il va avoir besoin des mêmes soins et de la même attention que tous les enfants du monde.

Mais il va avoir besoin de plus encore puisqu'il va devoir découvrir en lui une autre identité, une autre nature, tout en n'abandonnant rien de la nature commune des hommes. Le regard de son père et celui de sa mère vont être les artisans nécessaires voulus par Dieu pour aider l'enfant à découvrir son destin et sa mission. Dieu a besoin, a décidé d'avoir besoin, que Marie et Joseph se sentent investis de cette tâche d'aider l'enfant-Dieu à se révéler à lui-même, sans qu'ils puissent jamais la mettre en doute, ni l'oublier, et moins encore se sentir désarçonnés par l'image de pauvreté de celui qui doit devenir le roi d'Israël.

Le Très-Haut a choisi la virginité de Marie comme signe qu'il lui donne du destin de son fils. Le signe donné au charpentier est le même, mais il passe par la confiance que Joseph met en Marie, qui lui a dit une seule fois, et cela a suffi, que la vie en elle n'était due à aucun homme mais à l'Esprit de Dieu.

Là est leur talisman, pourrait-on dire, l'étoile qui va guider leur marche dans l'existence. Devant ce nouveau-né, devant cet enfant plus tard, cet adolescent, à la vie si semblable à celle de tous les nouveau-nés présents au Temple ce jour-là, à celle de tous les enfants de Nazareth et de tous les adolescents apprenant leur métier des mains de leur père, ils ne pourront oublier que leur enfant a revêtu une autre nature, a reçu un autre appel, vient d'un autre acte d'amour, marche vers une autre mort.

La virginité de Marie est un cadeau fait par le Très-Haut aux parents de son Fils sur la terre, pour qu'ils s'assurent dans leur rôle, pour que leurs nuits de songes et de rêves, d'interrogations et de doutes, toujours débouchent sur des aurores de confiance.

L'homme du monde moderne peut comprendre cela parce que, comme tous les hommes de tous les mondes et de toutes les époques, il sait qu'il a besoin, pour vivre, de posséder en lui-même une envie, un but, une idée, comme un projet, ou même seulement un refus, qui soient vraiment les siens et éclairent un tant soit peu sa route, lui indiquant sa direction. Chacun a besoin de tenir à quelque chose pour vivre.

Marie et Joseph sont comme tous les hommes et femmes du monde : ce à quoi ils tiennent par-dessus tout se résume dans les conditions extraordinaires ayant présidé à la naissance de leur fils. Les ricanements des esprits forts, les doutes et les interrogations les plus légitimes des honnêtes hommes, les tentatives de ramener l'extraordinaire de Dieu à l'ordinaire de nos compréhensions et de nos connaissances, ne peuvent avoir une quelconque influence sur ce que Marie sait et sur ce que Joseph croit en raison même de son amour pour Marie.

Ils ne peuvent douter, ni ne peuvent ricaner, n'ont envie d'aucun aménagement du raisonnement. Ils ont vu, et toute leur vie est désormais organisée autour de leur certitude. Pour le reste, ils ne savent rien de ce que cette naissance va amener, de la manière dont ce Fils du Très-Haut, à eux confié, va agir, de ce que sera le détail de leur vie. Ils l'apprendront au fil des jours, prêts à la surprise, avides de la découverte sans doute, guidés en tout cas par leur conviction : la conception par une vierge d'un enfant.

Le groupe de jeunes parents a monté quelques marches. Un peu plus haut, un vieil homme semble guetter, ou plutôt sur chacun porte son regard, comme s'il cherchait quelqu'un jamais vu auparavant. Son regard soudain s'éclaire, et l'on devine que l'attente a cédé la place à la reconnaissance. Joseph le voit s'approcher d'eux et s'arrêter tout près, mais ce n'est ni lui ni Marie que le vieillard regarde, simplement l'enfant, l'enfant seulement.

Joseph est surpris ; l'homme ne quitte pas l'enfant des yeux, et pourtant ils ne le connaissent pas. Dans son regard, dans toute son attitude, le charpentier lit la joie et aussi le soulagement, comme lorsqu'on arrive au terme d'un long voyage aux détours multiples et que se déroulent lentement les retrouvailles avec un univers familier.

Siméon, Joseph apprendra son nom un peu plus tard, scrute l'enfant. Que voit-il de plus qui n'apparaît pas au regard des jeunes parents du groupe qui l'entoure, quel signe visible à ses seuls yeux marque l'enfant du charpentier ? Le vieillard n'en finit pas de regarder, et le silence se prolonge, et les parents qui accompagnent Joseph et Marie ne comprennent pas ce qui se passe, se demandent qui est cet homme en arrêt devant l'un des nouveau-nés, s'étonnent du silence qui s'est installé, perçoivent vaguement que l'inhabituel les a rejoints.

Siméon a baissé la tête et Joseph a du mal à entendre ce que le vieillard dit. Des paroles qui ne sont ni pour le charpentier ni pour Marie, des paroles de prière, des paroles pour lui-même. Mais Joseph entend et ne perd pas un mot ; ce sont des paroles qu'on prononce quand on arrive à la fin, quand on a beaucoup cherché et beaucoup demandé.

Des paroles d'homme âgé, pas des paroles de jeune homme qui porte son premier-né. Les paroles d'un vieillard qui a fait le tour de la vie et à qui est donnée une preuve que sa vie n'était pas en vain. Des paroles de bonheur grave que tout homme voudrait pouvoir dire, à sa manière, lorsque la fatigue de l'existence se fait trop pesante. La révélation qu'il y a une suite assurée, que le Très-Haut prend soin de son peuple.

Le charpentier n'écoute pas pour lui-même ni pour son fils, mais pour celui qui parle. Il distingue le bonheur et la reconnaissance qui emplissent le cœur du vieillard, la grâce qui visiblement l'habite. Il voudrait le rejoindre dans cette béatitude qu'il devine et que trop peu de gens connaissent au moment de la mort proche.

– Maintenant, dit Siméon.

Un « maintenant » sans impatience et sans regret, le signe que tout est accompli pour soi et que rien d'autre n'est à attendre, un mot de plénitude qui, croit-on, désigne le moment présent et cependant dit tellement plus, qui rassemble toute l'attente qui a précédé et ouvre la porte à un avenir que l'on sait lumineux. Vingt siècles vont envier ce « maintenant » paisible et léger qui monte vers le ciel et celui qui l'habite comme une tourterelle blanche dont les ailes auraient été libérées.

Joseph entend les paroles que Siméon continue de murmurer :

– Tu peux, Souverain Maître, laisser ton serviteur s'en aller en paix.

Ce n'est pas la mort qui prend le vieillard malgré lui ; c'est le vieil homme qui demande à son créateur son congé, toutes choses accomplies, comme s'il avait été retenu du côté de la vie par nécessité, et que maintenant plus rien ne s'oppose à ce que la frontière soit rejointe.

Joseph n'a jamais aussi bien compris un homme qu'en ce moment, car l'un et l'autre baignent dans la même lumière, et si le chemin de l'un s'appelle la mort et celui de l'autre la vie, ils en sont au même point à des âges pourtant si éloignés. Le vieil homme vient de reconnaître le salut qu'il ne cessait d'espérer dans sa prière, et le jeune père vient de reconnaître, en lui donnant son nom, l'enfant étrange qui lui a été donné.

L'enfant du charpentier et le salut du vieillard sont identiques. Le charpentier porte l'enfant, le vieillard découvre le salut. Il se passe alors un échange, sans doute totalement incompréhensible pour ceux qui restent en dehors de la prière des vieillards qui ont attendu et de celle des charpentiers qui ne sont pas le père de leur enfant.

Joseph tend le nouveau-né à Siméon, qui n'a pas osé le toucher d'abord. Il le lui tend comme on offre le salut au monde, et Siméon le prend dans ses bras comme le monde reçoit le salut qu'il a espéré.

Joseph aurait pu se contenter d'être le spectateur de la prière de Siméon ; on croit toujours qu'il n'est bon qu'à être spectateur. En levant les bras et en présentant l'enfant au vieillard pour qu'il le recueille un moment, il sait qu'il offre le salut qui passe par son fils. La nuit de la naissance, en acceptant de murmurer ce simple prénom de Jésus, il a fait du nouveau-né son fils. Aujourd'hui, sur les marches du Temple, en plaçant le nouveau-né dans les mains de Siméon, il reconnaît que son fils est le Fils de Dieu.

Le rite des tourterelles offertes au moment où les parents conduisent leur premier-né au sanctuaire s'appelle la Présentation au Temple. Joseph y a souscrit ; il n'imaginait pas, avant de gravir les marches, qu'il allait procéder à une autre présentation, celle offerte à un vieillard, et que celle-ci prendrait un tout autre sens.

Les paroles de Siméon prennent alors hélas aussi un autre tour. Pourquoi faut-il que ces moments d'intense communion et de paix légère soient aussitôt saccagés par une crainte, un avertissement, un noir présage ?

Le vieillard s'est tourné vers Marie, et ce qu'il va dire, jamais Joseph n'aurait voulu l'entendre. Il voit Marie trembler tandis que le vieillard, avec la même assurance que lors de ses premières paroles, lui déclare :

— Et toi-même, une épée te transpercera l'âme.

Le charpentier voit le visage de la jeune femme s'assombrir, la lumière de gaieté habituelle quitter ses yeux ; il la sent vaciller un moment.

Le charpentier s'est rapproché de son épouse, lui a entouré l'épaule de son bras. Marie l'a regardé ; ils n'ont eu besoin de rien se dire ; ils savent que le vieillard a raison, obligatoirement raison, et que l'on ne peut éviter la souffrance à ses enfants ni à soi-même. Mais ils auraient voulu que cela ne soit pas rappelé maintenant, prédit, rendu certain en quelque sorte, affirmé avec la même autorité que celle attachée à l'annonce du salut par leur enfant.

On ne peut pas se prémunir, découvre Joseph, on ne peut pas faire semblant de ne pas savoir. On ne peut pas empêcher que toujours, sur terre, une tourterelle noire accompagne une tourterelle blanche.

# Marche dans la nuit

Le jour se levait déjà ; trop tôt, beaucoup trop tôt pour le chemin à parcourir. Fallait-il s'arrêter dès la lumière installée, quitter la route, trouver un endroit à l'écart, à l'ombre, pour y attendre l'obscurité du soir et reprendre la marche seulement à ce moment-là ? Ou pouvait-on prendre le risque de continuer encore, tant que la marche serait compatible avec la chaleur harassante qui n'allait pas manquer de rendre la route dangereuse pour Marie et l'enfant ? Mais alors, on risquait de se faire remarquer, désigner, dénoncer.

Joseph s'inquiétait, ne savait quel parti prendre. Marie était bien pâle, une ombre sous les yeux, les yeux calmes pourtant, confiants. Elle n'avait pas questionné, ni douté, quand Joseph au milieu de la nuit l'avait éveillée pour lui confier sa crainte, lui dire son songe. Elle avait nourri l'enfant, avait changé ses langes pendant que Joseph rassemblait leurs vêtements, les quelques galettes données par les bergers avec un peu de fromage, une outre qu'il était allé remplir au puits voisin. Ils étaient partis, baluchon en bandoulière, l'enfant dans les bras de sa mère, la route sans poussière éclairée par la lune, le ciel constellé.

Les premiers pas se sont faits dans la hâte, et Joseph a souvent tourné la tête pour guetter une éventuelle poursuite. Ne décelant aucun mouvement, aucune lumière suspecte, aucun bruit qui lui auraient donné à croire qu'on les recherchait, petit à petit la marche s'est calmée, a trouvé un rythme égal. Ils cheminent côte à côte maintenant alors que jusque-là Marie était en tête, Joseph quelques pas derrière elle, obstacle dérisoire mais obligé entre elle et l'enfant et tous ceux qui auraient voulu les atteindre.

Joseph a pris l'enfant des bras de Marie. Il marche, et il découvre qu'il aime cette traversée de la nuit. Il prend conscience de sa force et il ressent en même temps sa totale vulnérabilité. Il se réjouit du poids de l'enfant sur son bras. On ne marche pas de la même façon quand on se rend sans charge à un lieu familier et lorsqu'on se dirige vers l'inconnu, portant le poids des choses et le souci des pères.

Pas après pas, les traces de sommeil petit à petit effacées, il sent son corps qui se libère, plus léger, rempli d'une énergie qui l'étonne, qui n'est pas seulement physique, qui ne se résume pas à la seule conséquence de la force qui habite tout jeune homme. Joseph se découvre, se rejoint, se sent lui-même, sur cette route où, portant son fils, il marche près de Marie, la menace derrière lui, la protection du Très-Haut l'enveloppant. Joseph est là où il doit être, et beaucoup d'hommes qui se sont trop cherchés l'envieraient à coup sûr s'ils le voyaient en ce moment. Joseph fait corps avec son destin comme jamais il n'en a eu auparavant l'occasion puisqu'il devait se contenter de dire oui, de faire confiance, de suivre ce qui se déroulait sans lui.

C'est une étrange sensation de se rendre compte qu'on aborde enfin les rivages de son existence et que tout ce qui a précédé n'a été que préparation, non pas temps perdu, mais détours plus ou moins compréhensibles, incertitudes de l'ignorance, erre-ments peut-être, malaise diffus de l'inutilité vague-ment perçue. Joseph, sur cette route, choisit son chemin ; il a cessé d'accompagner les autres, de jouer les seconds rôles d'une pièce écrite en dehors de lui, sans le consulter vraiment.

Bien sûr, il est inquiet, redoute les gardes d'Hérode, surveille la fatigue de Marie, craint que l'enfant ne se mette à crier, réveillant les habitants des maisons qu'ils dépassent, des habitants étonnés d'entendre un nouveau-né à pareille heure, sur une route, fuyant dans les bras de son père, des habitants prompts à passer de l'étonnement au bavardage et du bavardage à la délation.

Oui, il est inquiet, et il est dans la nuit, mais il marche, et cela le différencie de tous les pères qui connaissent l'inquiétude de la nuit tandis que les insomnies les surprennent allongés auprès de leur femme et qu'ils n'osent bouger de peur de l'éveiller et de lui imposer cette angoisse qui manque de les submerger. Les nuits des pères qui voudraient être meilleurs, qui voudraient leurs enfants plus heureux, qui rêvent d'un avenir plus assuré.

Les nuits des hommes qui attendent pendant des années – et les années d'attente se comptent en nuits bien plus qu'en jours – un enfant pas encore mis au monde ou qui espèrent le retour d'un enfant perdu dans le monde, ou qui s'interrogent sur ce qu'ils devraient faire, sur ce qu'ils n'ont pas fait, sur ce qu'ils ont manqué, la parole qu'ils n'ont pas su dire, le sourire qu'ils n'ont pas donné, l'irritation qu'ils n'ont pas su masquer, l'occasion perdue tout simplement, et le regard de leur enfant détourné. Les pères qui ne dorment pas, qui aiment tant et ont peur de ne pas aimer assez, qui ne savent pas se lever parce que, croient-ils, ils n'ont pas reçu de songe dans le sommeil qui les a abandonnés, qui ne savent pas quelle route prendre, quelle direction poursuivre parce que l'ange ne leur a pas dit : « Prends avec toi l'enfant et sa mère, et fuis en Égypte. »

Les pères malheureux vivent la nuit, et leur nuit est immobile, et cette immobilité les rend malheureux. Leurs nuits peuplées de leurs peurs et de leurs regrets, leurs nuits où ils sont seuls, qui sont des nuits inutiles, des nuits envahies par eux seuls, sans l'idée d'un recours, d'une visite, d'un appel. Des nuits de tempête et parfois de dégoût, des nuits centrées sur leur tempête et leur dégoût, des nuits qui ne servent à rien, des nuits où les pères se font mal. Les pères qui travaillent le jour ou s'épuisent à ne pouvoir travailler et s'éreintent la nuit de ne pas plus donner, de ne pas se croire à la hauteur.

Tous les pères sont inquiets et familiers de la nuit. Joseph est inquiet et marche dans la nuit, mais Marie marche à côté de lui et il porte son enfant. Joseph marche pour protéger ceux qu'il aime. Sa nuit n'est pas immobile. Joseph est heureux ; pour la première fois de sa vie, sans doute, véritablement heureux. Certes, il a souvent été insouciant et a ri comme tous les enfants. Mais cette nuit est sa première nuit de bonheur, cet étrange état qui ne nie pas l'inquiétude et non plus la souffrance, mais qui vient de l'accord que l'on découvre avec soi-même.

Joseph a rendez-vous, cette nuit, avec l'allégresse des pères qu'aucune autre allégresse ne dépasse et qui diffère, et de beaucoup, de l'allégresse des mères, qui n'est pas vraiment une allégresse mais plutôt le recueillement de la joie quand elle inonde le cœur. Joseph, à qui les gens aux regards étroits dénieraient la qualité de père, fait la connaissance, en marchant, de la densité inimaginable qui accompagne la transformation d'un homme en père. Et si, à lui, qui n'a pas connu Marie et est l'homme absent de la conception de l'enfant, est réservée une telle rencontre, au nom de quoi ne serait-elle pas à chaque homme donnée ? Faut-il s'appeler Joseph pour que l'ange visite les rêves ?

Joseph marche, et la nuit s'est faite belle à ses yeux. Les étoiles dessinent l'immensité du ciel, le ciel moins large cette nuit que son cœur. Son fils dans les bras, son fils avec lequel il est en plein accord ; Marie qui lui sourit et qui est si belle. Joseph aime cette marche qui le conduit à l'inconnu de l'Égypte, il contemple chaque sinuosité du chemin, anticipe chaque sommet de côte, laisse son regard se porter sur les collines habitées par les formes tourmentées des oliviers. Il fuit bien sûr le danger, la jalousie du prince ; il abandonne son pays, il renonce – pour combien de temps ? – à son atelier, au berceau fabriqué, à la vie de confort préparée. Mais cet abandon est sans arrachement, sans nostalgie, sans véritable regret.

L'ange lui a dit : « Prends l'enfant et sa mère », ce qui n'est pas seulement une instruction par hasard, une mission provisoire, mais beaucoup plus : le dessin de sa vie entière, sa raison d'être, non pas comme un devoir accepté, mais comme un bonheur longtemps recherché sans savoir où le trouver, et cette nuit-là révélé. Prendre l'enfant, le porter nouveau-né pour sa marche sur la route, le porter et l'assumer, le faire sien en le portant, lui permettre de grandir en l'assumant. Lui offrir cette nuit le refuge et la marche, lui offrir plus tard le regard de la tendresse qui fait grandir.

Le charpentier devenu père, dont la vie ne sera plus que celle d'un père, totalement unie par ce rôle, sans autre désir ni ambition, sans autre devoir ni peine, sans regard inutile ou perdu. Les hommes sont rares qui atteignent une telle concentration intérieure, un tel rassemblement de leur force et de leur imagination à la poursuite d'un seul but, une telle acceptation de ne servir qu'à une seule chose, et ceux-là trouvent le bonheur et sont plus souvent visités par les songes de Dieu.

La plupart des hommes n'ont pas ce courage d'accepter de jouer leur bonheur sur une carte unique ; ils se dispersent et voudraient multiplier les chances, n'avoir pas à choisir, pouvoir se reprendre, ne pas suivre une seule route. Ces hommes-là ne sont pas plus égoïstes que les autres qui choisissent comme Joseph a choisi. Ils sont simplement terrifiés parce qu'ils savent qu'un chemin unique, un chemin droit, sans détours et sans retour en arrière, une marche donnée sans idée de retour laissent voir plus facilement, plus clairement, rendent plus proche, peut-être, la destination finale qui est la mort. Ceux-là qui craignent avant tout de ne pas goûter au maximum, de n'avoir pas tout essayé, qui se regardent et se verraient bien ailleurs, ceux-là qui courent pour ne pas voir, pour ne pas savoir, pour oublier ou négliger. Ceux-là qui passent leur temps à désirer et sont déçus quand ils ont obtenu, ne font que fuir, et sont malheureux finalement de ne pas laisser du temps dans leurs rêves aux songes de Dieu, ni de place dans leur sommeil pour accueillir les visites de l'ange.

Le charpentier est devenu père, tout le reste désormais y sera subordonné. Et cela lui convient infiniment, même si au début cela l'a surpris. Il endosse ses nouveaux habits ; ils sont taillés pour lui. Nuit de marche et de fuite, nuit qu'on pourrait croire sans gloire et tout entière peuplée de peurs et d'angoisses, nuit que d'autres ne reconnaîtraient pas pour ce qu'elle est : la nuit de la révélation d'un homme à lui-même. Nuit paradoxale faite de fuite mais aussi de refus de la dérobade, nuit d'abandon de la sécurité, mais nuit de découverte des racines.

Joseph inspire l'envie cette nuit-là. Il a reconnu son chemin et a commencé sa route. Il a cessé d'être le spectateur ballotté par les événements qui s'imposent à lui sans qu'il puisse intervenir autrement que par une acceptation ou un refus.

Il a pris l'enfant et sa mère, il s'en est chargé, cette nuit-là et pour toujours, à jamais, jusqu'à la mort, sans désirer connaître autre chose, sans vouloir se réserver une bifurcation, une porte de sortie. Le charpentier a décidé qu'il n'y avait rien d'autre pour lui, rien d'autre à faire, et ce sera beaucoup, que de prendre l'enfant et sa mère. Sa route est droite telle qu'il l'a décidée, telle qu'il l'a dessinée, et ses nuits sans sommeil seront des nuits de marche et des nuits de bonheur, des nuits de remerciement pour le bonheur de la route droite, des nuits de prière douce et calme.

Joseph inspire l'envie parce qu'il sait dorénavant ce qu'il a à faire, pas seulement parce qu'il aurait reçu clairement une mission, pas même parce qu'il s'est donné une mission, mais parce qu'il a décidé de s'y adonner totalement. Les songes de Dieu ne sont pas réservés à Joseph. Ils sont là présents derrière le sommeil de tous les hommes, prêts à les habiter pour peu qu'ils en reçoivent l'invitation. Les anges de Dieu ne parlent pas qu'aux Joseph et aux Marie, mais aux hommes et aux femmes qui cherchent et sont fatigués des routes sinueuses, qui ne se réservent pas, renoncent aux vies multiples, aux regrets de ne pas tout connaître ni de tout essayer. Les anges parlent à tous les hommes qui le leur demandent, les songes de Dieu habitent le sommeil de tous les hommes qui ouvrent leurs rêves.

Quand les anges parlent, quand les songes rejoignent le sommeil des hommes, jamais ils ne le font plus distinctement que pour Joseph. Et toujours les hommes doivent décider, une fois réveillés, qu'ils ont bien entendu un ange et que leur sommeil a bien été visité par les songes de Dieu. Ils doivent en prendre le risque, comprenez-vous, le risque de croire dans les anges même si cela fait rire et se moquer ceux qui n'ont pas ouvert leur sommeil ni les yeux de leur âme.

Il faut croire aux anges pour les entendre, il faut espérer les songes de Dieu pour en voir ses rêves peuplés.

Ceux qui en rient et ne veulent pas y croire jugent que c'est trop facile d'avaler ces fariboles. Ils se trompent, et lourdement, car c'est ce qu'il y a peut-être de plus difficile au monde, comme de déplacer une montagne d'une simple parole ou de marcher sur les eaux, ce qui explique finalement que bien peu s'y risquent.

Tous les hommes ont toutes les bonnes raisons du monde de ne pas croire aux anges, ni à la mise au monde d'un enfant par une jeune vierge, ni au songe qui permet au charpentier de croire en tout cela et d'être averti qu'il a à fuir la colère d'Hérode.

Tous les hommes du monde ont de bonnes raisons de ne pas y croire, c'est même le plus facile et ce n'est pas une faute, mais cela empêche les marches dans la nuit, cela empêche de porter l'enfant-Dieu dans ses bras, de cheminer aux côtés d'une jeune fille nommée Marie. Cela empêche les routes droites, les marches le cœur empli de bonheur, les ciels étoilés, les nuits sans sommeil peuplées de prière douce et silencieuse, d'offrande et de remerciements.

C'est le plus facile, mais c'est triste à en mourir avant l'heure. C'est surtout bien dommage quand on sait que les routes peuvent être droites pour tout le monde, et aussi les ciels étoilés, et le bonheur des nuits sans sommeil emplies de prières douces et de remerciements.

Le charpentier a choisi de reconnaître dans son rêve le songe de Dieu et d'entendre la parole de l'ange. Sa vie a changé. Il le sait, le ressent, tandis qu'il marche tournant le dos aux jalousies d'Hérode, dont les sommeils sont peuplés de haine et de calculs, d'envies et d'amertume.

Marie semble atteinte par la fatigue, Joseph a ralenti le pas et tente de mesurer l'épaisseur du petit bois qu'il devine au loin, souhaitant qu'il puisse servir d'abri à leur repos et de protection contre la chaleur du jour qui s'annonce maintenant sur la gauche de la route en teintant le ciel d'un moutonnement orangé.

Pour les charpentiers, il y a des nuits plus claires que le jour, des marches qu'on croit des fuites et qui sont au contraire des conquêtes, des routes qui sinuent entre les collines et qui se révèlent des chemins totalement droits. Il y a des charpentiers qui n'ont pas d'épouse et sont en train de se découvrir les pères les plus aboutis de la terre.

# Vent de sable

Les vents de sable traversent les déserts. Ils parcourent de folles distances comme s'ils s'en jouaient et se chargent progressivement de chaleur au point d'arriver au terme de leur voyage transformés en brûlures.

Les vents de sable ont apporté l'odeur âcre du sang et les cris de la souffrance jusqu'à la famille en exil. Le danger pour l'enfant, annoncé à Joseph, s'est traduit en tuerie qui a atteint tous les garçons de moins de deux ans de la région de Bethléem. L'enfant a été protégé, le Très-Haut veille sur lui. Ses parents tremblent à l'évocation de ce à quoi il a échappé, mais comment se réjouiraient-ils ?

Les vents de sable soufflent trop fort ; ils sont trop chargés des larmes qui ont succédé aux cris d'horreur, et de malédictions aussi. Les larmes des mères et des pères, et le sang des enfants qui est le prix payé pour que l'enfant du Très-Haut continue sa marche vers la royauté. Les malédictions des parents, voulant frapper l'organisateur du massacre, éclaboussent bien loin de là-bas l'enfant et ses parents qui tremblent. L'injustice du monde, celle des puissants, a courbé des familles innocentes sous sa loi ; la nouvelle de l'injustice remplit d'horreur et de dégoût ceux que l'injustice a épargnés. Il n'a pas fallu longtemps pour que la prophétie de Siméon se réalise.

Le charpentier ne comprend pas. Il est trop jeune pour comprendre cette arithmétique absurde qui veut que tout ait un prix et qu'il faille le payer soi-même ou un autre à votre place, comptant, le lendemain ou beaucoup plus tard quand on a fini par ne plus y penser. Joseph ne comprend pas qu'il puisse y avoir un prix à payer pour la naissance de l'enfant-messie. Il ne comprend pas que d'autres enfants soient appelés en rançon, et que le Très-Haut, le Tout-Puissant, ait laissé saluer la naissance de son envoyé par la cruauté du monde. Ne pouvait-Il pas ordonner la trêve, confondre le mal, cadeau de Dieu aux pauvres, marque de sa joie, signe que d'autres temps venaient ? Tout-puissant pour connaître le danger menaçant son enfant né

sur la terre et l'en prévenir, absent, comme indiffé-
rent aux autres enfants nés au même endroit, aimés
de la même façon par leurs parents. Quelle est cette
puissance qui s'arrête en chemin ?

Le charpentier s'est levé dans la nuit ; il a réveillé
Marie, lui a dit qu'il ne pouvait dormir, qu'il sor-
tait, qu'il voulait marcher, qu'il rentrerait quand le
soleil serait trop chaud, qu'il ne fallait pas qu'elle
s'inquiète, qu'il allait bien mais qu'il avait besoin
de bouger, de penser à autre chose. Marie l'a laissé
partir ; elle le comprend, admet ce besoin qu'ont les
hommes de secouer l'immobilité des chagrins ou
celle des incompréhensions. Il lui suffit à elle pour
l'instant de regarder son enfant qui commence à la
regarder et lui sourit parce qu'elle le regarde en
souriant.

Elle voudrait dire à Joseph un mot qui serait un
viatique, la possibilité d'une éclaircie, le début
d'une piste. Elle ne trouve rien qui puisse se plier
aux mots ; elle prend juste l'enfant et le lui donne à
caresser. Joseph se penche, et sourit bien sûr devant la fossette creusée dans la joue de son enfant
tandis que sa bouche s'ouvre en sourire pour lui
manifester son bonheur de le reconnaître. Les yeux
du nourrisson brillent du reflet de la lampe à
l'huile, les deux mains se tendent et s'agitent de
haut en bas d'un geste un peu saccadé, pas encore

parfaitement maîtrisé. La vie s'exprime en toute innocence et s'installe dans le cœur de Joseph à côté de l'annonce de la mort de tous ces innocents.

Le charpentier a marché vers une petite colline, une dune de sable plutôt, qui domine le début de la longue plaine désertique. En face de lui, loin au-delà, la Judée et Bethléem puis Jérusalem. Il s'est assis, creusant un trou dans le sable ; il a replié les jambes contre son torse et a appuyé son menton sur ses poings, les coudes reposant sur ses genoux. C'est la nuit encore, mais la nuit des déserts qui ressemble à des annonces d'aurore tant la lueur des étoiles et de la lune, ne trouvant aucun obstacle dans des arbres ou des édifices, atteint directement le sable presque blanc et, s'y reflétant, dégage malgré l'obscurité une luminosité qui ne suffit pas à bien y voir mais parvient à donner à l'air une clarté diffuse.

Joseph regarde la nuit et il regarde le sable du désert, et il les trouve beaux et en même temps étrangers au monde, comme une incongruité de propreté et de pureté qui se protège des hommes qui salissent et saccagent. Le désert l'attire où l'on se noie plus sûrement peut-être que dans la mer, plus lentement bien sûr, comme un progressif abandon. Rien ne vous y atteint, son étendue vous protège, son uniformité vous offre de vous y perdre, la tentation de la paix infinie qui s'installe dans l'âme et lui fait croire qu'on peut échapper au monde qui malmène.

Le désert, dont on ressent la totale puissance et qui, croit-on, aurait le pouvoir de vous laver l'âme, fascine le charpentier et donne une forme visible à ses tentations qui sont celles des hommes qui voudraient pour le monde une vie d'innocence et se heurtent sans arrêt à la peine et à la souffrance. Joseph n'a pas appris à se protéger. À vrai dire, il n'imagine même pas que l'on puisse se protéger des plaies des hommes du monde. Peut-être n'a-t-il pas eu le temps d'apprendre ; et maintenant que l'Éternel l'a rejoint, il sait qu'il est trop tard pour jouer les règles d'un monde qui crée la souffrance et ferme les yeux sur cette création.

Joseph a l'âme des simples, qui est le parfait contraire de l'âme des puissants, telle celle d'Hérode qui a déclenché le massacre. Le charpentier a reçu pour la protéger une vie qui ne venait pas de lui, le roi jaloux a détruit les vies qui risquaient de lui faire de l'ombre. Le jeune homme assis devant le désert pense au roi qui là-bas vit dans son palais et peut décider en un instant d'enrayer tout risque qu'un enfant à peine né puisse lui ravir plus tard le trône qui est sa raison de vivre. Hérode, à qui il suffit de vouloir, pour que cela survienne, et lui, le charpentier qui a renoncé à sa volonté qui, pourtant, était déjà bien modeste. Le roi qui fait l'Histoire et lui, le jeune père, qui y est entré malgré lui. Hérode qui un mois auparavant a massacré à tout venant et a échoué ; le charpentier qui, une heure plus tôt, portait dans ses bras le salut du monde et lui souriait, ici en exil, de l'autre côté du désert.

Les hommes simples, ceux que les puissants appellent les naïfs, ont très peu conscience de ce qu'ils sont jusqu'au moment où ils rencontrent leur contraire et découvrent alors un autre monde dont ils n'avaient pas l'idée, un monde dont les règles sont différentes de celles qu'ils imaginaient. Il arrive à certains de ces hommes naïfs de désirer alors rejoindre cette cour des puissants pour s'y tailler une place et y goûter les vertiges qu'ils ont pressentis. Les autres plongent leur regard dans cet univers et leur soi-disant naïveté le juge et le refuse. Il leur arrive alors de se choisir consciemment, de se vouloir tels qu'ils ont été jusqu'ici inconsciemment, de se décider une fois pour toutes. Ils deviennent inentamables.

Le charpentier n'est pas fasciné par Hérode, mais ce qu'il découvre de lui le confirme dans ce qu'il a choisi d'être en faisant confiance à Marie et en acceptant l'enfant. Le crime lui a ôté la naïveté héritée de l'enfance, lui a appris dans quel monde certains vivaient, lui a renvoyé par contraste celui dans lequel il est entré. Il a pris une parfaite mesure de qui est Hérode qui est l'ennemi de son fils, le modèle abouti du monde qui n'accueillera pas le Fils, le prototype de ceux qui ont le pouvoir pour raison de vivre et le défendent la rage au cœur, ceux qui meurent quand ils ne lisent plus la soumission dans le regard de ceux qui se prosternent. Hérode qui domine et échoue, image du monde qui ne sait pas se sauver de lui-même.

Le soleil s'est levé sur le sable ; le charpentier en a suivi la lente montée, la disparition progressive des ombres. C'est le moment où tout semble possible, où se marient la fraîcheur des débuts et l'éclatement de la force. Le soleil, suffisamment présent pour laisser deviner sa puissance, est assez discret pour que règne encore la douceur. Il y a comme un rêve dans ces moments-là, celui des mondes nouveaux et des vies paisibles, de la force qui vous habite et de la douceur qui l'accompagne encore, de la clarté de l'air qui vous met l'âme à l'unisson.

Le charpentier est sensible à cet équilibre de la nature ; il voudrait que se prolongent ces moments sans trouble, que s'arrête la course du soleil avant qu'il n'écrase le monde, que se maintienne encore la fraîcheur de la brise légère. Joseph aime l'harmonie des matins quand s'éveillent les vies cachées. Il voudrait ne pas anticiper la suite, il souhaiterait que tous les moments du jour soient semblablement des moments d'éveil, hors des atteintes de la suite qui est trop souvent moins belle, tristement moins pure.

Le soleil en se levant, et d'abord avec discrétion, a donné naissance au monde dans la paix et la beauté. C'est ainsi en tout cas que le charpentier le voit ; il imagine que le Tout-Puissant a voulu la terre ainsi au premier jour, avant que tout ne se dérègle, avant que l'homme veuille passer la frontière, aller au-delà de la simple douceur des éveils pour savoir ce qui se cachait derrière la clarté des matins. Joseph voudrait revenir en arrière, avant que les chemins aient divergé, avant que les hommes soient devenus des Hérode, avant que les pleurs des parents des enfants sacrifiés n'aient traversé les déserts, avant que les charpentiers n'aient vu la vie de leur fils protégée au prix de la mort des enfants des autres.

Joseph voudrait que le monde ait pu éviter la déchirure qui le traverse, qui commence dès le début des hommes et court à travers le temps, s'élargit, traverse l'âme de tous les humains, brise les vies, crisse du bruit des chagrins. Il voudrait éviter cette peine et ce soulagement qui se mêlent devant son fils protégé, son fils cause du massacre, élu, sous le regard du Très-Haut, regard à ce point fixé sur l'enfant qu'il semble avoir ignoré les autres. Il voudrait qu'au moins à l'injustice des hommes hélas trop de fois démontrée ne se rajoute pas ce qui semble l'injustice de Dieu.

Le charpentier revoit les parents qui, comme eux, gravissaient les marches du Temple pour présenter leur premier fils. Il pourrait les reconnaître aujourd'hui encore. Oserait-il cependant croiser leurs regards, lui qui porterait son enfant alors que leurs bras seraient vides, devenus inutiles ? Leurs regards incrédules croiseraient le sien. Devine-raient-ils qu'ils ont payé pour lui, que leurs enfants, portés au Temple en offrande, ont vraiment été sacrifiés au-delà de tout rite, et qu'a été sauvé celui que le roi voulait atteindre ?

Le charpentier sait bien qu'il n'est pas responsable ; il n'ignore pas qu'il ne pouvait s'y opposer, mais il a découvert trop tôt que son fils possédait l'étrange pouvoir de déclencher la haine des puissants, et que cette haine et cette puissance qui aveuglent frappent les innocents. Il découvre qu'Hérode échoue, mais que l'échec des puissants s'entoure de sang et de larmes. Il aurait voulu ne pas être le bénéficiaire de cette injustice, et que les larmes des parents qu'il a côtoyés au Temple n'aient pas été la contrepartie de la protection qui entoure son enfant.

Joseph est choqué, bouleversé, par la découverte de ce monde dans lequel le fait entrer son fils. Marqué par le signe de Dieu, son enfant échappe au destin des enfants des charpentiers habituels et déclenche malgré lui le mal, cette sorte de mal qui n'est pas celui des gens ordinaires, mais le mal qui s'épanouit chez les gens qui ont les moyens de leurs désirs et de leur haine. Le charpentier partageait la naïveté des simples et des petits qui n'imaginent pas la dimension que peut atteindre le mal quand il se déchaîne et s'épanouit sans entrave dans une espèce de jubilation à contempler sa propre force.

Depuis son atelier, il ne voyait pas les palais. Le péché qui habite les ateliers des charpentiers n'est pas le même que celui abrité dans les palais des rois malades de puissance et de peur de la perdre.

Les portes du palais du roi se sont ouvertes pour le charpentier, et ce qu'il en a vu lui a fait perdre la candeur qui aurait pu l'accompagner encore longtemps s'il n'avait été choisi. Dès la nouvelle connue, il a été rempli d'horreur et de révolte, il a ressenti cette montée de la colère, cette envie de lutte et de vengeance qui rassemble les zélotes en bandes et les arme, mais il a très vite su que cette sorte de combat n'était pas pour lui, qu'il devait servir à autre chose.

Les portes des palais sont ouvertes, mais il n'y pénétrera pas. Il n'est pas de ce monde ; le sien est celui de la paix et des jours qui se suivent, un peu monotones, cachés au monde, comme une très lente naissance qui a besoin de discrétion, une découverte progressive d'un univers différent.

Le charpentier ne peut effacer le sang qui souille la venue au monde de son fils ; il ne peut chasser de son souvenir ce qu'il a découvert de la puissance de mal des rois ; il ne peut étouffer complètement le bruit des larmes des innocents. Il ne peut pas plus se masquer l'incompréhension qu'il éprouve pour son Dieu qui laisse faire et accepte que la naissance de son envoyé soit payée par la mort de ceux qui n'y peuvent rien. Joseph prend la mesure de son impuissance sur les choses du monde, il s'interroge sur la volontaire impuissance du Très-Haut. Il sent qu'incompréhension et impuissance sont le lot de son monde à lui, qu'on ne peut les balayer de son esprit, qu'il faut vivre néanmoins là où on est et selon ce qui arrive, à s'occuper de ce qu'on doit, docile à son destin qui n'est pas clair et ne se laisse jamais découvrir facilement.

Le soleil est plus haut maintenant ; la sorte de miracle offert tous les jours par les petits matins a pris fin. La journée, qui n'est déjà plus neuve, s'est installée, et elle est forcément moins belle puisque tout n'y est plus possible, puisqu'elle n'est plus un rêve. Elle a imposé la réalité, clairement manifesté que tout n'est pas aussi bien qu'on aurait pu le croire ni aussi limpide qu'on s'était plu à l'espérer. C'est maintenant la journée du monde après l'aurore du charpentier, les longs moments à venir où le monde prend sa place confortablement après ces moments brefs où le charpentier voyait dans la lumière naissante la même clarté qu'il distinguait dans son cœur. Mais c'est également dans la journée et dans ce monde, un peu plus loin, un peu plus bas que la colline où Joseph est assis, que l'attend son enfant. Et son enfant lui sourit aussi bien dans le jour et dans ce monde, et ce sourire est la vie et la tâche du charpentier, malgré les souffrances du monde et le sang des enfants.

Il s'est relevé, a secoué vaguement sa tunique pour en faire tomber le sable. Il sait qu'il a besoin, qu'il aura souvent besoin de ces aurores qui sont à l'image de ce qu'il voudrait de la vie, mais il admet qu'elles ne seront pas toute sa vie, et que les matins sont obligatoirement suivis des jours qui apportent les larmes et les sourires.

# Silence et lumière

Le charpentier est revenu à Nazareth. Il est entré dans le silence, et dans la lumière aussi. La moitié de sa vie est maintenant écoulée; il a dépassé le temps de l'extraordinaire et celui des questions, le temps des bouleversements intérieurs, des sommeils peuplés de songes et des marches dans la nuit. Il s'enfonce dans la vie, et en effet c'est une vie de silence qui seule convient à ce qui va survenir dans sa maison. Joseph va assister et contribuer à la lente découverte par son fils de sa nature et de son destin. Et cela, n'est-ce pas, ne peut se faire que dans le silence, et dans la lumière aussi.

Pour se faire une idée de ces quinze ans qui restent à vivre au charpentier, il faut connaître de l'intérieur ce qu'est le silence, et être capable un tant soit peu de percevoir certaines lumières indécelables à la vue commune. Joseph n'est pas bavard, c'est évident, mais ce n'est pas ce silence qu'il faut déceler. La lumière de Nazareth est particulière, et il faut l'aimer en fin d'après-midi quand elle exprime le calme et la douceur, mais ce n'est pas cette lumière dont il faut s'imprégner.

Le charpentier entre en silence comme on dit que l'on entre en religion. Il ne s'agit pas du silence imposé par une règle ou un tempérament, par la timidité ou le dédain, absolument pas le silence du taciturne, ou de celui qui se réserve, le silence qui défend le puissant du reste du monde, ni celui qui condamne le pauvre à l'isolement.

Il arrive aux parents d'enfants chicaneurs de décréter : « Silence ! Je ne veux plus rien entendre. » Pour Joseph, c'est exactement l'inverse, il accueille le silence pour commencer à entendre. Le silence qu'il découvre est une sorte de silence qui en effet s'accueille et ne peut se conquérir, et c'est trop peu dire qu'il s'agit d'un silence intérieur, car il en existe de cette sorte qui sont vides et tristes, comme une forteresse malmenée et abandonnée, brèches béantes à n'importe quelle intrusion, prise sans combat et sans résistance. Il y a des silences qui font eau de toutes parts, qui s'effilochent, alors que le silence que Joseph apprend à connaître est le genre de silence qui emplit à ce point l'âme qu'on a peur qu'elle ne soit pas assez vaste pour le contenir tout entier. C'est comme une énergie condensée qui se déploie, une concentration de tout l'individu en une seule région de lui-même, le rassemblement des parts éparses de la personne qui n'accepte plus cette dispersion et atteint petit à petit le centre de ce qu'elle est pour découvrir, un peu étonnée et même choquée, qu'elle n'est pas là où elle pensait, qu'elle avait tort de compter sur elle pour réaliser l'unité, qu'il fallait simplement la laisser se faire d'elle-même, sans crispation ni impatience, avec reconnaissance pour ce qui est forcément im- mérité.

Joseph se tait d'abord. Que pourrait-il dire de ce qui se passe en lui ? Une fois l'extraordinaire as- sumé, le bouleversement de son existence et de son amour accepté, la naissance de l'enfant accomplie, et le voyage en Égypte achevé, une fois pour ainsi dire l'excitation du neuf retombée, il se retrouve devant la vie de tous les jours. Le rideau a été tiré sur l'inhabituel, sur l'émotion, sur les batailles li- vrées, et les a transformés en souvenirs, les vidant de la fièvre qui les a accompagnés pour les établir en compagnons familiers et pourtant un peu loin- tains, sollicités certains jours, laissés de côté le plus souvent, lentement estompés, ramenés pourtant parfois sans effort à la surface de la mémoire avec une émotion paisible.

On pourrait croire le charpentier revenu dans la simple succession des jours qui se ressemblent et font les vies normales, une solive à équarrir, un banc à finir, une charpente à réparer, et l'enfant que l'on retrouve le soir, babillant dans un coin, tentant d'attraper l'agneau en bois sculpté par son père. Marie, bien sûr, aura tenu le repas au chaud ; ils échangeront les nouvelles du village, partageront les soucis des uns et des autres, commenteront la récolte des olives qui apporte la richesse à ceux qui possèdent les champs.

On pourrait croire qu'une fois une journée décrite, toute la vie de Joseph, de Marie et de l'enfant y serait contenue, et l'on trouverait fastidieux de redire pour chaque jour le travail à accomplir, le jeu à surveiller, l'eau à aller chercher. On serait tenté de penser qu'il ne se passe rien à Nazareth dans la maison du charpentier. On serait tenté de se fier à ce silence des mots et des événements, et on tournerait donc la page pour aller vite plus loin, au moment où il se passerait à nouveau quelque chose, mais on aurait tort d'aller si vite, car ce silence n'est pas le vrai silence qu'il faut entendre, cette absence d'histoires à raconter cache des surprises et des mystères difficiles à sonder.

L'idée la plus générale, et bien entendu la plus fausse, est qu'un enfant est né à Bethléem, et qu'un homme se révèle trente ans plus tard au Jourdain, baptisé par un ermite nommé Jean-Baptiste. Il a ensuite trois ans pour aller à la mort et sauver les nations. C'est le Fils de Dieu. Cela paraît normal, évident, tellement habituel depuis deux mille ans qu'on le répète. La naissance et les trois années qui précèdent la mort font tellement de bruit que les trente ans de silence sont passés sous silence, on ne peut dire cela autrement. Joseph est au centre de ce silence pendant quinze ans, silence qui accompagne la mue d'un garçon en Fils de Dieu, et ce n'est pas rien pour un père d'accompagner la lente découverte de soi-même par son enfant.

Il faut absolument entrer dans ce silence, l'un des plus beaux qui aient habité le monde, le silence de tous les hommes qui s'accomplissent et se découvrent. Joseph ne recevra aucun conseil pour le guider, ne trouvera personne pour lui dire ce qu'il voit se dérouler. Cela explique bien entendu en partie le silence jusqu'à nous propagé, mais qui ne compte pas vraiment. Le silence qui enveloppe la vie de Joseph cache le silence qui l'habite, et c'est celui-là qu'il faut aimer et comprendre.

C'est un silence de lumière, car les vrais silences ne sont pas seulement absence de bruit ; ils possèdent une clarté qui permet de les reconnaître immédiatement ; ils éclairent l'âme de ceux qu'ils enveloppent. L'âme du charpentier, petit à petit, va se trouver baignée d'une lueur qui va l'étonner d'abord et le conduire doucement ensuite vers des rivages de pur bonheur. Il regarde son enfant, rencontre son regard, il va le découvrir de plus en plus tourné vers l'intérieur, interrogateur, surpris un moment, révélé à lui-même immédiatement, perturbé souvent mais sans effroi pourtant.

Joseph voudrait se mettre à genoux sous le poids de sa tendresse, mais c'est l'enfant qui accourt à ce moment et se hisse sur les genoux de son père. Les genoux des pères sont d'abord faits pour accueillir leur enfant avant d'être mis à terre pour la prière. L'enfant a trois ans et cette sorte de regard dont on hésite à dire s'il est un peu étonné de ce qu'il découvre autour de lui ou s'il s'y mêle une trace d'émotion, comme un reste de timidité, une attention non pas appliquée mais donnée largement, une confiance instinctive.

Le charpentier aime le regard de son enfant ; il y lit le chagrin enfantin et la joie profonde, il le trouve empli d'une lumière particulière. Cinq minutes auparavant, l'enfant jouait avec quelques copeaux dans un rayon de soleil qui traversait l'embrasure de la porte de l'atelier tandis que Joseph ajustait une mortaise. Il a suffi d'un court moment de halte dans le travail du charpentier, le ciseau à bois resté inactif un peu plus longtemps que d'habitude pour que l'enfant dresse la tête et offre son regard à celui de son père. Le charpentier a souri, l'enfant a ri, les yeux du père ont dit oui, et l'enfant a couru les bras en avant, prêt à être soulevé et assis sur le bord de l'établi. Le poids est léger pour le jeune homme habitué à soulever des charges plus considérables. Il brandit son fils au bout de ses bras et l'enfant rit de plaisir, d'un rire perlé, sans retenue, si haut dans le ciel, dominant son père, porté par son père, transformant ce simple jeu commun à tous les pères et à tous leurs fils en résumé de leur aventure unique : enfant-Dieu venu du ciel sur la terre, élevé par son père au-dessus de lui-même pour répondre à un appel découvert dans les replis de son âme.

Marie a passé le seuil en entendant le rire de son enfant, attirée comme à chaque fois par ce jeu devenu rituel. Elle s'est approchée de l'établi, a écarté quelques copeaux, attentive à dégager une place où le charpentier va asseoir son fils. Le garçon voudra soulever le morceau de bois travaillé par son père, comme s'il l'inspectait et donnait son approbation, mais en réalité pour signifier que la journée pouvait être arrêtée là, et que le banc de pierre les attendait dehors pour ces moments qu'il préfère entre tous quand il est assis aux côtés de son père et de sa mère et que les mots volent entre eux, légers et précieux, les unissant tout autant que le silence et le sourire de la journée de travail.

Joseph s'est vu se changer durant ces trois ans passés à Nazareth. Il s'est choisi définitivement, écartant une fois pour toutes les obscurités et les hésitations de l'adolescence, les soucis de lui-même, les aspirations légitimes des hommes. Il s'est rassemblé autour de Marie et de son enfant. Il a appris petit à petit l'oubli de lui-même qui annonce le silence intérieur, cette longue patience d'admettre qu'il ne lui arrivera rien en propre, que tout lui viendra à travers l'enfant et sa mère. Il s'est abandonné en chemin entre Bethléem et l'Égypte ; il a laissé sur le bord de la route tout ce qui ne lui servait pas directement à remplir le rôle qu'il a accepté. Et ayant beaucoup abandonné et écarté, il s'est découvert des forces ignorées, des clair-voyances inespérées, des enracinements qui ne dépendent ni des lieux habités, ni des richesses accumulées, ni des murs bâtis autour de soi.

Il a choisi, et ce simple mot devrait suffire à le décrire entièrement. Il n'est plus la victime passive du jeu de Dieu ni de celui de son amour d'adolescent. Il a décidé de jouer le jeu de Dieu et d'aimer Marie comme Marie souhaite être aimée. Il a fait siens le choix de l'une et le plan de l'Autre. Il a donné sa foi, et le choix et le plan sont devenus son choix à lui et son plan pour sa vie. Il a décidé de faire taire le reste, et c'est sa vie qu'il a mise dans la balance. Il est devenu homme en devenant père, et il a découvert en son âme des profondeurs insoupçonnées, des renoncements qui auparavant l'auraient effrayé, des clartés qui l'ont transformé.

Le charpentier est devenu entier, et nous serions beaucoup à l'envier si nous en avions l'idée, mais nous connaissons trop la dispersion et trop l'illusion de nous conduire nous-mêmes et de nous vouloir maîtres de nos destinées. Nous n'arrivons pas à imaginer peut-être que cet amour du charpentier pour Marie puisse être autre chose qu'une amputation et que ce rôle de père de raccroc échappe au ridicule. Nos destinées ne sauraient se contenter de si peu de gloire et d'un renoncement si manifeste.

Et pourtant, le charpentier assis là sur ce banc aux côtés de Marie, femme vierge, sa femme, et aux côtés de l'enfant, fils du Très-Haut, son fils, est le plus heureux des hommes. Il a dissipé tous les regrets, a laissé toutes les envies secondaires, celles qu'il a décidé de nommer secondaires ; il a revendiqué ce qui lui était proposé, et il s'y tient. Il a trouvé son unité, et sa récompense saute aux yeux tandis que l'enfant court sur le chemin dans le soir.

Il est donné au charpentier de voir la naissance d'un Dieu, lui qui ne connaît pas sa femme et a décidé d'accepter une paternité qui s'était passée de lui. Et cela ne sera donné à personne d'autre sur la terre d'être le spectateur de cette mue prodigieuse d'un enfant en Dieu. Il va devenir le maître d'un mystère, celui qui en détient la plupart des clés, les clés de l'âme de son fils qui n'a pour l'instant que trois ans et court à perdre haleine du bout du chemin pour se jeter dans ses bras.

Il va apprendre au fond de lui, dans le silence de ses nuits et dans la lumière des soirs de Nazareth, les paroles qui apaisent, celles qui encouragent et qui rassurent, les paroles et les regards qui permettent de croire, de dépasser les interrogations qui pourraient enfermer. Il va trouver au fond de lui la lumière qui va éclairer la route de son fils. Il va lui faire répéter ses premières prières, charpentier qui apprend à un Dieu à prier.

Enfant pleinement investi de la nature humaine, son fils ressent tous les attachements des enfants des hommes, et Marie et le charpentier sont les premiers que ce Dieu-enfant aime sur terre. Et il les aime de toute la confiance d'un fils et de toute la force d'un Dieu. Aucun père n'a jamais été aimé et ne sera jamais aimé d'une telle manière sur terre.

L'enfant dort maintenant, et Marie aussi. Le charpentier prie dans le silence de la nuit. Il parle au père de son fils, à ce Très-Haut qu'il commence à connaître pour voir vivre chaque jour son Fils. Et ce sont des paroles familières qui ne sont plus de simples adorations. Et ce sont des interrogations. Quel est ce Dieu qui prête à son héritier le visage de mon fils et lui donne une vie si semblable à celle de tous les autres enfants de Nazareth ? Est-ce le même Dieu que Celui jusqu'ici enseigné, Celui du tonnerre sur la montagne, de l'Arche aux yeux dérobée ? Peut-il être si loin quand il envoie son messie dans une telle proximité ? Et pour quelle vie sur la terre, pour quelle mission ?

L'aime-t-il comme je l'aime, connaît-il la même tendresse, le même bonheur que le mien quand je croise son regard et que nous goûtons alors la même confiance ? Petit enfant d'homme quand il m'agrippe la main pour le conduire à son berceau, enfant de Dieu quand brutalement me revient à l'esprit sa naissance, que sait-il de lui-même, que ressent-il, quelles voix résonnent dans son cœur qui s'ajoutent à celle de Marie et à la mienne ? Il ne dit rien de plus que ne disent les autres enfants, mais que voit-il de sa destinée, qu'a-t-il emmené avec lui du ciel où habite le Dieu du ciel ?

Mon fils si limpide et pourtant mystère insondable pour une intelligence d'homme. Âme limpide d'un enfant aimé, claire comme l'amour qu'il nous donne en toute confiance, cristalline comme son rire qui pourrait me faire monter les larmes aux yeux. Mon fils mystère, à moins que le mystère soit moins épais que je le croyais, mystère qui serait aussi clair que notre amour, aussi limpide que le sien, aussi cristallin que mes larmes de joie. Comme si le mystère était tout entier présent dans cet amour que nous lui portons et dans celui qu'il nous voue. Comme s'il n'y avait pas d'autre mystère. Comme si déjà tout cela se suffisait et portait en germe sa vie et son destin.

Joseph s'est levé silencieusement ; il est allé à l'autre bout de la pièce, s'est penché sur le berceau. Il résiste à l'envie de prendre l'enfant dans ses bras, il se contente de le regarder. Le linge a été rejeté en boule au bout du petit lit, l'enfant est couché sur le dos, les bras en croix légèrement repliés, le visage un peu tourné vers le côté. Sa tunique qui le serre se soulève doucement au rythme de sa respiration. Les yeux sont fermés, bien sûr, les paumes des mains tournées vers le haut sont cachées par les doigts un peu refermés. Les cheveux sont encore frisés mais commencent à perdre de leur souplesse ; ils tombent en boucles sur le front.

Joseph regarde son fils, toute son attention mobilisée pour suivre des yeux la ligne du nez, les lèvres à peine entrouvertes. Le charpentier ne pense à rien, il regarde. Il est loin de toute interrogation, dans ces contrées où il n'y a de place que pour la contemplation, cette espèce de communion étrange avec ce qui n'apparaît pas aux premiers regards. Le charpentier regarde son fils et il sait qu'il contemple son Dieu. Il ne pense à rien, tout entier mobilisé dans son regard, et c'est une étrange lumière qui l'envahit, qui entre en lui par le regard porté sur son enfant-Dieu. Au-delà de son fils, c'est le Père de celui-ci qui lui est donné à voir dans le silence et dans la lumière. Père du ciel qui vient visiter le père de la terre au nom d'un même amour partagé, d'un même souci de l'enfant qui dort, d'une même adoration comme en ont tous les pères pour leur enfant, d'une même communion entre Dieu Père et Dieu Fils, d'une même tendresse entre l'enfant du berceau et son père charpentier.

Joseph contemple l'enfant qui dort et ne s'en lasse pas ; il est entré dans le mystère de la paternité, le mystère de sa paternité d'homme, le mystère de la paternité de son Dieu. Il a compris à la lumière qui l'envahissait que son enfant venait révéler aux hommes que le Très-Haut était le père aimant de tous les enfants de la terre.

Depuis combien de temps Joseph est-il là sans bouger ? Depuis combien de temps l'enfant lui a-t-il saisi un doigt sans qu'il s'en aperçoive ? Quand enfin il prend conscience que son doigt est serré de plus en plus fort, il abaisse ses yeux vers l'enfant et il découvre son regard interrogateur posé sur lui. Regard de gravité et de profondeur, regard intimidant, regard sans aucun équivalent, le regard des enfants qui se réveillent au milieu de la nuit et voient leur père plongé dans le silence et le mystère, regard de l'enfant qui, à cause de son père, commence à entrer dans le mystère et le silence.

L'enfant est sans inquiétude apparemment ; il observe simplement, essaie de comprendre sans doute, mais ne dit rien, comme interloqué par l'extrême concentration du regard de son père perdu dans le lointain. Mais Joseph s'est arraché à sa vision intérieure ; il détache son doigt de la main serrée, et pose sa main sur la tête de son fils. Leurs yeux se croisent, et ils échangent tous les deux le sourire particulier de ceux qui ont contemplé l'invisible, sourire silencieux et lumineux. Père et fils unis dans leur première complicité.

Joseph s'est penché. Il a dit :

– Dors, maintenant.

L'enfant, d'un seul mouvement souple, s'est tourné sur le côté et immédiatement s'est endormi. Joseph a remonté le linge sur les épaules de son fils, et s'est levé.

À l'autre bout de la pièce, Marie, qui depuis le réveil de Joseph n'a rien perdu de ses mouvements et de ses silences, a refermé ses yeux. Elle ne dira rien.

# *Reflet*

L'enfant a changé ; il n'est plus un enfant. Et le charpentier, maintenant, est un homme. Ce ne sont pas douze années qui font vieillir les hommes, mais c'est d'être père qui les transforme. Et être père de cet enfant-là vous transforme plus sûrement encore. Joseph ne porte plus sur le monde le même regard ; la naïveté, petit à petit, a quitté ses yeux ; elle a été remplacée par une lumière étrange, le reflet d'une concentration, comme s'il habitait les choses.

Le charpentier n'a jamais été bavard. Au début parce qu'il ne ressentait aucune envie de parler pour ne rien dire, aujourd'hui parce qu'il sait qu'il n'y a pas souvent besoin de dire. En revanche, il a appris à regarder, à reconnaître, à voir derrière le monde et les hommes.

Joseph est le même, plus vigoureux sans doute. Le travail courbé sur les planches ne l'a pas voûté ; il se tient droit, naturellement immobile. Il n'a que vingt-huit ans, l'âge où on ne sait pas si c'est beaucoup ou peu, toutes ces années déjà écoulées.

Rien dans son attitude ne permet de penser qu'il a changé plus que changent tous les hommes de Nazareth qui ont le même âge. Il faut regarder ses yeux pour avoir quelques chances de deviner ce qu'il est devenu, s'attarder pour essayer de comprendre cette impression qui vous atteint immédiatement, d'abord indéchiffrable, mais qui révèle petit à petit la vie qui habite derrière ce regard.

L'iris est noir, mais ce n'est guère original pour un homme de ce pays. En revanche, il est plus large que la moyenne ; le blanc de l'œil est étonnamment brillant, d'un blanc qui aurait reçu un soupçon de bleu pour lui donner plus de luminosité. Ce contraste entre l'intensité du noir de l'iris et la pureté du blanc de la cornée frappe immédiatement. Il pourrait facilement rendre une impression d'autorité, évoquer un caractère dominateur ; on pourrait en être intimidé s'il ne révélait aussi et

surtout une extraordinaire faculté de compréhension.

Le charpentier a le regard de ceux qui voient,
comprennent et aussi accueillent, regard qui n'a
pas besoin de manifester sa compréhension par une
insistance gênante, regard léger à soutenir. Il y a
des regards qui courbent ceux sur qui ils se posent ;
le regard du charpentier donne envie de grandir à
celui qui en rencontre la chaleur et l'étonnante
douceur.

Il y a longtemps que Joseph n'hésite plus ; il a
laissé de côté les questions sur lui-même. Est-ce le
silence de Nazareth, l'absence de tout événement
extérieur, le calme d'une vie normale, la fin de
l'extraordinaire, la longue suite des jours qui se
ressemblent ? Est-ce tout cet ordinaire qui lui a
apporté la paix ? Tout cela a été propice au recueillement évidemment, mais n'aurait pas suffi sans
doute s'il n'y avait eu décision consciente de sa
part, et c'est son regard qui explique le mieux cette
décision. La lumière des yeux du charpentier n'est
qu'un reflet, elle ne lui appartient pas. Joseph, lui-
même, a décidé de ne pas s'appartenir ; il n'est
qu'un reflet. Cela a été sa décision, c'est devenu
son bonheur, et cela l'explique tout entier.

Joseph a décidé de tout renvoyer à un autre, de se laisser habiter par un autre. Il est devenu dans le silence le père sur la terre, reflet du Père des cieux pour son fils, pas seulement représentant de ce Très-Haut qui l'aurait délégué comme tuteur, mais incarnation progressive, aussi parfaite que possible, de la Paternité de Dieu lui-même pour son Fils tant aimé.

Le charpentier a découvert la connivence avec Dieu, car les pères, ceux de la terre et Celui du ciel, ne peuvent manquer de se rejoindre parfois ou souvent tant ils se ressemblent, les uns image de l'Autre, cet Autre créateur des uns. Cela est donné à tous les pères de la terre s'ils le veulent bien, mais pour Joseph cette familiarité a pris des couleurs encore plus intimes, une intensité qui le bouleverse, car le fils qui lui a été donné est le Fils par excellence, Dieu lui-même présent dans le regard d'un enfant, dans le sourire de l'adolescent qui manque encore d'assurance et cherche des yeux l'approbation de son père.

Le charpentier a petit à petit découvert ce que voulait dire partager le même fils avec le Très-Haut, le Créateur du monde, le Tout-Puissant, le Dieu d'Israël. Il a compris que pour réussir ce fils que le monde attend, il lui fallait partir à la rencontre du Père qui l'a envoyé. Il a deviné dans le silence de ses nuits calmes qu'il lui fallait aimer ce Dieu, le comprendre et le rejoindre, se laisser aimer par lui et guider aussi.

Il lui a beaucoup parlé, sans supplication et sans crainte, paisible et disponible, assis dehors en seule compagnie de la lumière des étoiles. Et il s'est tu aussi, dans ces moments étranges où il a laissé s'évader, s'écouler, se désagréger hors de lui le bruit et l'inquiétude, les interrogations et les impatiences, sa vie à lui, pour faire de la place, offrir un espace à Celui qui l'a choisi et qu'il connaissait finalement si peu.

Au début, ce silence a eu du mal à s'installer en lui ; il lui a fallu batailler, se contraindre. Mais très vite, il a ressenti une telle plénitude, un tel calme, une si profonde adéquation avec lui-même qu'il n'a plus eu de crainte de s'oublier ou de se perdre.

Le charpentier a d'abord entrepris de s'imposer le silence par devoir et par conscience. Il a essayé de s'effacer, de s'oublier, il a voulu devenir disponible pour remplir le rôle qu'on lui avait imposé. Il l'a fait de bon cœur, mais il a peiné, effrayé par le risque de ne plus s'appartenir, obligé chaque soir de renouveler sa décision, son offrande, contraint à fortifier sa volonté pour tenir à distance les rêves, les envies et les révoltes. Il a entamé cette lente dépossession au nom de l'honnêteté, comme un cadeau qu'il offrait à Marie et à l'enfant, convaincu intérieurement qu'il se sacrifiait, prêt néanmoins à y consentir, mais imaginant sans mal que les jours seraient amers parfois et les nuits aussi.

Il se trompait, incapable d'anticiper cette vague de calme et de bonheur qui le rejoignit vite, l'enveloppant, lui emplissant l'âme, le poussant lentement à genoux, étonné d'être le siège d'une telle douceur, émerveillé de découvrir au fond de lui une telle paix. Ce ne fut pas une visite comme celle des songes, ni une instruction donnée, ni une explication fournie, simplement l'installation progressive en soi d'une présence qui occupait la place qui était laissée libre.

C'est à partir de ce moment que le regard du charpentier changea, car il n'était plus le seul à s'habiter. Ce n'était plus son seul regard, car s'y reflétait le regard de Dieu pour que l'enfant, en plongeant ses yeux dans ceux de Joseph, apprenne à distinguer les yeux de son Père céleste.

Le charpentier ne se rendit pas tout de suite compte que son regard avait changé. Marie, bien sûr, devina tout tout de suite et ne dit rien. Joseph ne savait pas encore que ce sont les yeux des pères qui font grandir leurs enfants, bien plus que toutes les paroles et même tous les exemples. Les yeux qui redonnent la confiance et procurent la chaleur, les yeux des pères qui discernent avant les enfants ce qu'il y a au fond d'eux et leur indiquent les chemins. Les regards de connivence et d'amusement, et ceux de la gravité devant les hésitations. Premier regard de l'enfant capté par le regard du père, découverte de l'entente de deux regards. Joseph offrit ces regards à l'enfant, mais il lui offrit en plus ceux du Père des cieux qu'il abritait dans les siens. Jésus apprit à grandir sous ce regard de père qui reflétait le regard de Dieu.

Le regard du charpentier, quand il se pose sur son enfant, est d'abord un regard de confiance. Cela lui a été facile forcément puisqu'il s'agissait du Fils de Dieu. L'enfant a littéralement grandi sous ce regard comme une plante pousse sous le soleil. Si tous les enfants du monde recevaient à tout moment de leur existence ce regard de confiance parfaite, ils deviendraient non seulement les plus heureux des hommes mais aussi les plus saints.

L'enfant du charpentier s'est épanoui sous ce regard qui révélait aussi le désir profond de Joseph de comprendre l'âme de son fils. Pendant ces douze années, le père sur la terre de l'enfant du ciel s'est consacré à une tâche avant toutes les autres : lire dans le cœur de ce Dieu fait enfant. Il y a découvert la pure joie d'exister, celle de courir, l'effort d'apprendre, l'abandon dans la fatigue, les longs moments immobiles, l'énergie des jeux, le recueillement des premières prières qu'il lui a fait répéter après lui.

Depuis deux ans, les moment immobiles se sont faits plus longs et plus fréquents. Le charpentier n'aurait su dire s'il fallait lire de la tristesse dans les yeux de son enfant ou simplement une plus grande concentration qu'à l'ordinaire. L'enfant ne le voyait pas dans ces moments; pourtant, quand il découvrait ses parents silencieux à proximité, son sourire n'était pas long à se dessiner comme un accueil après un voyage.

Ni Marie ni le charpentier, ni dans ces moments où leur enfant semblait loin ni après, ne disaient jamais rien ni n'interrogeaient. Ils n'avaient pas de conseils à donner, ils ne se sentaient aucun droit d'intervenir; ils avaient décidé depuis le début que leur rôle n'était pas d'éduquer un Dieu, mais simplement d'éduquer un homme et de laisser passer le plus possible à travers eux le visage du Père du ciel que l'enfant devait apprendre à connaître. Il y avait la vie des hommes et des enfants des hommes, et ils étaient les parents qui guident pour cette vie. Et puis, il y a la vie, et la mission, et les paroles de l'enfant-Dieu envoyé par son Père dont Marie et Joseph ne savent rien.

Ils ne peuvent dans ces moments que lui offrir leur silence, et leur regard de confiance, et leur aptitude à comprendre ce qu'il découvre lui-même au fond de son âme. Ils ne peuvent guider dans ces moments, ils sont simplement là et répondent à son sourire du sourire qu'il attend et qui l'apaise et lui sert de viatique pour d'autres moments à venir.

Ces moments de silence se sont faits de plus en plus nombreux, et ce qui est nouveau c'est qu'ils affectent maintenant la vie de tous les jours. Au début, le charpentier avait bien noté que l'enfant, une fois le recueillement passé, reprenait ses jeux avec le même enthousiasme, une semblable insouciance, une totale disponibilité. Mais c'est fini aujourd'hui ; toute sa vie semble désormais s'articuler autour de ses rencontres intérieures dont il ne dit rien, dont il voudrait leur dire quelque chose, dont il ne peut rien exprimer sinon en leur offrant son sourire, un sourire qui, lui aussi, a changé, qui appelle comme jamais il n'a appelé, qui attend et réclame, mais n'exige rien, offre en même temps, et se juge comblé dès que ses parents répondent d'un sourire sans interrogation et sans inquiétude, un sourire de père et de mère qui rassure, ne résout rien, bien sûr, mais indique qu'ils savent, peut-être pas en détail, peut-être sans mesurer tout, mais savent vraiment ce qui se passe, et approuvent aussi, approuvent surtout, donnent confirmation que là est sa voie, sa voie à lui, à lui tout seul, incomparable et étrange, dont lui seul peut découvrir où elle mène.

Le charpentier a le cœur serré de plus en plus souvent maintenant devant le sourire de son enfant quand il revient de ce silence qui l'a tenu immobile, les yeux ouverts, sans crispation, mais sans relâchement, habité on ne peut dire autrement. Le monde du Père du ciel est en train d'envahir la vie de son fils, leur vie à eux trois.

Qu'on ne se méprenne pas. Joseph n'est ni jaloux de cette invasion – il y a bien longtemps que ce genre de sentiment l'a quitté – ni inquiet même de l'issue. Il est simplement ému, profondément ému par l'amour qu'il lui porte, qui est un amour qui comprend et n'arrive à rien dire, qui ne veut rien dire ni ne peut.

Le charpentier a aimé son enfant qui jouait, son enfant qui courait, son enfant qui dormait, son enfant qui lui parlait, mais ce n'est rien à côté de l'intensité avec laquelle il aime son enfant quand il le voit ainsi parti à la découverte des mondes qu'il pressent, en route vers son autre Père, à l'apprentissage de sa vie, commençant à pressentir qu'on attend quelque chose de lui, que ce Dieu qu'il a appris à prier avec son père est un Dieu qui est pour lui comme Il n'est pour aucun autre.

Joseph adore son fils dans ces moments-là, de la seule façon dont il est bon d'adorer, par un pur amour, sans ces relents de crainte qui accompagnent trop les adorations des hommes pour leurs dieux

Il n'a su comment lui dire cet amour qui vient de son cœur de père et se mêle aux mouvements de l'âme du croyant. Bien sûr, Marie et Joseph ont été les premiers croyants de leur fils, les premiers confiants en lui, les premiers fidèles.

Joseph ne sait pas dire cela avec des paroles ; il a simplement pris l'habitude, quand il se trouve à proximité de son fils dans ces moments où celui-ci s'enfonce dans la contemplation de l'invisible, de venir silencieusement s'asseoir à côté de lui. Jésus ne manifeste jamais tout de suite qu'il a senti la présence de son père ; il ne lui fait pas spécialement de place, ne bouge pas, ne lui jette pas un regard. Les minutes, parfois une heure ou deux, se passent. Joseph est capable maintenant de deviner quand son fils va commencer à revenir des contrées lointaines qui l'appellent. Il pressent comme un léger relâchement dans sa posture, les muscles de la nuque qui tremblent un peu, le regard qui se tourne vers le ciel. Le charpentier guette ce moment, car il sait qu'après ce regard levé, les yeux de son fils vont immanquablement se tourner vers lui, chercher son regard, et lui, le père de cet enfant, va y découvrir le reflet de toute la beauté du monde, le reflet de tout l'amour qui n'habite pas encore le monde, le reflet de l'infinie tendresse.

Un Dieu adolescent sourit à son père. À aucun autre homme au monde un tel sourire n'a été réservé, et bien peu de gens sans doute, durant les vingt siècles qui nous séparent de ce sourire, n'ont songé à ce qu'est un Dieu adolescent. Le nourrisson et l'homme public ont pris toute la place, ont ravi la plus grande part de l'émotion. Et pourtant, tous les pères le savent, leur émotion est forte à voir leur enfant qui cherche son destin, se frotte à la vie des hommes, veut comprendre ce que disent les hommes entre eux. Ils sont émus de le voir grandir, d'assister à ses interrogations, de se débattre entre ses forces et ses fragilités.

Le charpentier voit tout cela et bien plus encore ; il contemple la perfection qui s'épanouit dans toutes les hésitations de l'adolescence, la disponibilité qui connaît les maladresses de cet âge, la science totale qui se révèle dans les interrogations de tous les jeunes hommes, obligatoirement puisque le Père a voulu que son Fils connaisse tout de l'homme.

Le fils du charpentier conjugue dans son sourire l'émouvante hésitation de tous les adolescents et la limpidité absolue qui lui vient de son Père. Joseph n'en finit pas de regarder ce sourire qui lui est offert, comblé jusqu'aux larmes de s'asseoir aux côtés de son enfant, d'assister à cette lente prise de conscience de ce qu'il est véritablement.

Le charpentier ne s'est pas trompé et a pris la mesure exacte de la réponse de son fils, une fois qu'ils l'eurent, Marie et lui, retrouvé à Jérusalem au milieu des docteurs de la Loi.

Jésus leur a dit :

— Ne saviez-vous pas que je devais être aux affaires de mon Père ?

Ils n'en avaient pas parlé auparavant. Ils avaient décidé que c'était à lui de dire le premier, d'interroger peut-être sur ce qu'il découvrait au fond de son âme, de demander d'où cela venait. Ils n'avaient pas à le renseigner sur son destin. Aucun père et aucune mère ne peuvent renseigner leur enfant sur son destin ; ils sont là simplement pour lui permettre de grandir, de trouver lui-même, d'avoir confiance, de ne pas se contenter du plus facile. C'est lui qui, dans cette occasion, a brisé le silence, a pris position, s'est affirmé.

Le charpentier devine ce que cela a dû être pour son fils, cette manifestation devant eux de sa nature. Il a lu dans ses yeux ce que cela lui coûtait ; il y a découvert l'appel qui n'était pas formulé par des mots. Il leur a dit, sans leur dire, qu'il ne les rejetait pas, bien sûr, comme s'ils avaient fait leur temps et rempli leur rôle. Il leur demandait simplement de se prononcer, de lui donner, d'une certaine façon, leur accord :

— Le savez-vous, vous que j'aime plus que tout, le savez-vous que je suis appelé à autre chose ? Comprenez-vous le chemin qui va être le mien ? Le saviez-vous ? Car, si vous ne le saviez pas, alors je suis seul, terriblement seul devant ce chemin, devant ce mystère, seul devant mes questions. Mais, si vous le savez, alors, confirmez-moi, accompagnez-moi, aidez-moi, j'ai trop besoin de votre sourire qui dit oui, qui me reconnaît, m'approuve et m'accompagne.

Le fils du charpentier, en ce moment, regardait surtout son père ; il attendait d'abord sa réponse à lui, surtout la sienne, car c'est auprès des pères que de telles questions trouvent leurs réponses. Et Joseph l'a regardé, et il a vu de ses yeux de père, à travers le regard largement offert de son fils, l'âme de son enfant, le cœur de son Dieu, et il a simplement dit :

– Nous le savions...

L'enfant – c'est encore un enfant – a reçu cette simple phrase comme le plus grand cadeau qu'il pouvait recevoir. Il n'a pas dit *Merci*, ni *comment le saviez-vous,* ni *que vais-je devenir* ; il s'est avancé vers sa mère, et, sans quitter le regard du charpentier, est venu embrasser Marie.

Ils se sont mis tous les trois en route.

Le charpentier et Marie le savaient, bien sûr, mais ils ne comprenaient pas que cela se fasse si tôt, et de cette manière, et que, malgré tout ce qu'ils savaient, cela puisse leur donner ce pincement qui accompagne dans le cœur des parents l'éloignement de leurs enfants.

## *L'aurore du charpentier*

Tous les trois le savent ; ce jour-là sera le dernier, le dernier des jours où ils auront été tous les trois. Le charpentier s'en va, il s'apprête à les quitter, à les laisser seuls. Il va mourir ce jour-là, qui ne fera pas date dans l'histoire des hommes, ne s'inscrira dans aucun registre. Il va s'effacer, ce qui est un drôle de mot pour dire que quelqu'un va mourir, mais cela va bien au charpentier, cette façon de quitter le monde, comme un homme sans importance dont il n'y a pas lieu de se préoccuper. Joseph n'a d'importance que pour son fils et pour Marie ; il n'a vécu que pour eux, il va mourir seulement pour eux. Ils sont là tous les trois, et pour la dernière fois.

La nuit déjà est avancée, et ils ne dorment pas. Ce sont les dernières heures, celles qui précèdent l'aurore, ce moment qui est le moment du charpentier, celui qu'il préfère, qui lui appartient et exprime le mieux l'état de son âme.

Il connaît par cœur chacun des moments qui annoncent le jour, cet assombrissement étrange de la nuit qui ne doit pas tromper puisqu'il est le dernier mouvement de l'obscurité, comme son ultime tentative devant l'avancée irrésistible de la lumière. C'est l'instant où les yeux se font plus lourds, où les veilleurs résistent le plus difficilement au sommeil, et pourtant ils auraient tort de se laisser endormir et de manquer alors la naissance du jour qui, chaque fois, est différente.

Le charpentier a connu de nombreuses aurores. Celles sans un nuage, de totale limpidité, passant sans effort du bleu le plus sombre aux oranges flamboyants, avant de revenir aux bleus limpides, les bleus ciel d'un ciel clair que le soleil respecte encore. Et ces aurores que les nuages masquent de leurs masses violettes entre lesquelles elles cherchent un chemin libre pour leurs rayons de lumière. Et celles des matins de pluie qui semblent gagner contre la nuit, mais sont bien vite contraintes à se retirer, laissant un jour triste, comme si elles avaient renoncé à chasser l'obscurité.

Les heures qui précèdent les aurores sont celles de la certitude et en même temps de l'ignorance. Certitude de la lumière qui obligatoirement va surgir à l'horizon de l'homme, ignorance du déroulement du jour qui va naître. Le charpentier comprend l'aurore ; elle est aux couleurs de ce qu'a été toute sa vie, lui qui a donné asile aux plus grandes certitudes et aux interrogations de l'étrange. La certitude que le Très-Haut le voulait là, et pas ailleurs, qu'il le voulait pour ce qu'il était, pas différent de ce qu'il était, lui, le charpentier qui n'avait jamais rêvé d'être exceptionnel. L'ignorance du déroulement de sa vie, l'absolue obligation de ne pouvoir rien prévoir, ni anticiper, et encore moins de s'y préparer.

Chaque aurore, le charpentier a été surpris d'être ainsi touché par l'extraordinaire et de n'en retirer aucune clairvoyance particulière, aucun privilège qui lui aurait ouvert grandes les portes d'une lucidité surnaturelle, d'avoir tout à attendre et tout à apprendre. L'aurore lui a dit que les hommes jamais ne cessent d'être en route, qu'ils sont libres de vouloir découvrir ou de refuser la surprise, que tout n'est pas joué. Dès avant l'Égypte, au temps de l'annonce par Marie, le charpentier a appris la grâce et l'étrange, que la lumière de la grâce s'accompagne bien souvent de l'étrange qui est obscur, que rien pour l'homme n'est totalement clair, ni gagné, que toujours il y a une route imprévisible.

Le charpentier n'a jamais su quelle serait au juste la route, ni ce qu'il deviendrait en disant *oui*. Jamais on ne sait ce que seront l'aurore et le jour, seulement qu'ils viendront assurément. Jamais on ne connaît les conséquences des *oui*, on fait seulement confiance, en tremblant un peu parfois, et on découvre au fur et à mesure, on apprend, et on n'arrête pas d'ajouter des *oui* au premier prononcé, même si parfois le *non* se voudrait le plus fort.

Le premier acquiescement du charpentier donné à Marie l'a préservé des doutes mais pas des interrogations. Jamais il n'a douté, ni aux moments de joie profonde, ni à ceux teintés de tristesse, qu'il était là où il devait être. Jamais il n'a nourri d'autres rêves ; aucune nostalgie d'ailleurs ne l'a atteint. La certitude des aurores l'a habité et lui a permis d'accepter de vivre sans rien savoir de plus, sans plan et sans garantie.

Les aurores lui ont enseigné à se vouloir ainsi disponible aux déroulements des jours qu'on ne peut percer avant qu'ils ne vous emportent dans la suite des heures. Elles lui ont fait aimer le risque d'une vie qu'on ne gouverne pas.

Il a connu l'aurore de l'annonce, celle de la naissance, toutes celles qui l'ont conduit en Égypte et à l'exil, celles de Nazareth. Toutes les aurores de la précarité : le manque de travail, mais l'enfant lui souriait. La simple toile qui les abritait au-delà du désert, mais sous cette tente l'enfant lui souriait. Il ne savait rien de l'avenir, ne discernait pas la couleur du lendemain, il s'interrogeait le matin et au soleil le plus haut, le soir et la nuit, mais il regardait son fils et il lui souriait. La certitude de ses aurores ne devait rien à ses croyances ni au fruit de ses réflexions, elle venait du sourire de l'enfant, de son regard. Il le regardait dormant, il le regardait jouant, il le voyait grandir. Il s'asseyait près de Marie et se trouvait bien à ses côtés. Auprès de l'enfant et de sa mère, il vivait dans la lumière des aurores limpides.

En cette nuit, une fois de plus pour le charpentier, le jour va se lever. Il a fini son apprentissage, a fait le tour de toutes les aurores.

L'enfant grandissait ; les mois allaient vite. Le charpentier guettait sans impatience, et il veillait. Il guettait, parce qu'il ne savait pas. Sans impatience, parce qu'il était sûr. Sûr, avant que son fils en prenne conscience, sûr avant qu'il ne reçoive les paroles qu'il était seul à pouvoir entendre et que le charpentier ne connaîtrait jamais. Il veillait sur les aurores qui commençaient à habiter le cœur de son enfant et à éclairer les paysages qu'il abritait. Il veillait en attendant l'aurore, penché sur son sommeil, contemplant le mystère de son fils.

Le charpentier ne survivra pas à cette aurore ; son jour à lui sera ailleurs. Tous les trois le savent. Le charpentier s'éloigne d'eux.

L'aurore commence à éclairer la pièce ; le charpentier ne voit plus Marie ni son fils, il s'est tourné vers Celui qui l'a envoyé, et lui parle silencieusement comme il l'a fait tant de fois depuis que le sourire de Marie l'a conduit à être le père de son Fils. Il lui parle, et c'est comme une prière qui n'a pas besoin d'être prononcée ni d'être entendue par les oreilles des hommes :

Seigneur, Dieu, Père, le jour de ma vie se termine et ma marche s'est ralentie. Quel est ce silence qui m'enveloppe ?

Ce silence que j'ai tant aimé. Mon silence de père devant mon fils qui grandissait. Le silence de la mort qui s'approche, mon pauvre silence de charpentier devenu père, mon silence devant la parole de mon fils qui au monde va redonner la vie.

Mon fils, Jésus... Jamais je n'ai pu dire ce nom sans que mon cœur ne se mette à genoux sous le poids de mon amour et le poids de mon bonheur.

Jésus, fils de ton ciel, donné pour mon fils sur cette terre. Ton Fils assurément, mais mon fils vraiment. Jésus par nos voisins appelé fils de Joseph. Jésus appelé Fils de Dieu par les siècles à venir et le monde à découvrir. Jésus qui s'apprête à commencer sa route. Route de lumière depuis les cieux dessinée par son Père. Route de mystère pour moi, le charpentier père de la terre.

J'ai été son père de la terre comme abri pour sa naissance, son guide à travers le désert, l'épaule qui soutenait son sommeil, la main pour aide de ses premiers pas. Et j'ai été le regard de père devant son regard présent. Son regard jour après jour se modifiant, regard de lumière vers son âme tourné de plus en plus intensément, regard de découverte, la découverte en son âme d'un autre visage, le visage d'un autre Père présent au cœur de son âme. J'ai aimé son regard de plus en plus clair les jours passant, son regard à mes yeux de plus en plus transparent. Le regard venant de l'âme d'un Dieu enfant.

J'ai contemplé le mystère, le mystère et la fami-liarité du regard de mon fils pour mes yeux de père. J'y ai vu l'âme de mon fils-enfant sur mes genoux se hissant, l'âme de mon Dieu devant laquelle mon âme priait, se prosternant. Fils d'homme et Fils de Dieu totalement.

J'ai été le témoin de mon fils se découvrant Fils de Dieu, j'ai été l'homme qui s'efface pour que son enfant-Dieu grandisse, image de tous les hommes qui en eux s'effacent pour que leur Dieu semblablement y grandisse, hommes témoins émerveillés de la découverte de Dieu en leur âme.

Seigneur, Dieu, Père, j'ai eu mes songes, et ils m'ont fait père du Fils, mes songes semblables à tous les rêves des hommes, rêve de route, rêve de laisser une trace, rêve de donner la vie, rêve d'être appelé à autre chose, homme surpris par ses songes, doutant d'avoir été choisi, puis homme qui a consenti, homme parmi les autres hommes qui ont au cœur l'incertitude de l'appel, tous les hommes qui n'osent croire leurs rêves, et pourtant tous les hommes appelés, et pas plus distinctement que je ne l'ai été. Appel comme un risque.

J'ai été homme parmi les autres hommes, voulu par Dieu pour être son chemin parmi les hommes. Homme voulu comme asile pour Dieu dans le monde, porteur de Dieu dans ce monde, homme, besoin de Dieu pour habiter le monde.

Le charpentier ouvre une dernière fois les yeux ; son regard rencontre celui de son fils. À travers les larmes qu'il discerne dans les yeux du jeune homme, il lit ce que celui-ci ressent, il comprend qu'il a entendu sa prière silencieuse adressée au Père qui l'avait fait naître, qu'elle l'a rejoint en même temps qu'elle montait vers le ciel. Il perçoit dans les yeux de celui qu'on appellera le Messie le tremblement qui agite son âme, loin derrière son regard, et bien qu'il soit totalement immobile. Le charpentier juge ce tremblement pour ce qu'il est : son fils a entendu dans la prière de son père la confirmation qu'il cherchait, la confirmation de sa nature, de son appel, la reconnaissance par son père de la terre qu'il était Fils du ciel.

Le charpentier étend le bras, pose sa main sur l'épaule de son fils, geste d'apaisement et de promesse en même temps, talisman pour la vie qui continue sans lui, geste de force donnée. Le jeune homme reçoit et l'apaisement et la force, la promesse et la vie qu'ils lui apportent ; il les reçoit comme le dernier cadeau du charpentier, et son âme en est éclairée.

Un court moment se passe, la main du père n'a pas quitté l'épaule de son fils. Puis, le jeune homme lève à son tour sa main et la pose sur la joue de son père. Elle y recueille son dernier souffle. L'homme-Dieu offre à son Père du ciel l'âme de son père de la terre en même temps qu'il lui offre sa vie à lui et ses larmes d'enfant orphelin.

# Table des matières

Mot de l'éditeur . . . . . . . . . . . . . . . . . . 7

L'amour de sa vie . . . . . . . . . . . . . . . 15

Rêve brisé et songe de Dieu . . . . . . . . 35

Mystère et prodige . . . . . . . . . . . . . 47

Deux jeunes tourterelles... . . . . . . . . . . 61

Marche dans la nuit . . . . . . . . . . . . 77

Vent de sable . . . . . . . . . . . . . . . 89

Silence et lumière . . . . . . . . . . . . . . 101

Reflet . . . . . . . . . . . . . . . . . . . 117

L'aurore du charpentier . . . . . . . . . . . 133

AGMV
MARQUIS
Québec, Canada
1998